Padre Marcelo Rossi

BATISMO DE FOGO

Conheça a força da superação divina

Copyright © Marcelo Rossi, 2020
Copyright © Editora Planeta do Brasil, 2020
Todos os direitos reservados.

"Todas as citações bíblicas foram retiradas da *Bíblia Sagrada Ave-Maria* da Editora Ave-Maria. Todos os direitos reservados."

Organização de conteúdo: Luiz Cesar Pimentel
Preparação: Thiago Fraga
Revisão: Renata Mello, Nine Editorial e Departamento editorial da Editora Planeta do Brasil
Projeto gráfico e diagramação: Maria Beatriz Rosa
Capa: Departamento de criação da Editora Planeta do Brasil
Foto de capa: Martin Gurfein

Dados Internacionais de Catalogação na Publicação (CIP)
Angélica Ilacqua CRB-8/7057

Rossi, Marcelo
  Batismo de fogo: conheça a força da superação divina / Padre Marcelo Rossi. – São Paulo: Planeta, 2020.
  144 p.

ISBN 978-65-5535-135-4

1. Rossi, Marcelo, 1967 – Narrativas pessoais 2. Espírito Santo 3. Fé 4. Superação I. Título

20-2652   CDD 242

Índices para catálogo sistemático:
1. Literatura devocional

Acreditamos nos livros

Este livro foi composto em Adobe Garamond Pro e Fira Sans e impresso pela Gráfica Santa Marta para a Editora Planeta do Brasil em agosto de 2020.

2020
Todos os direitos desta edição reservados à
EDITORA PLANETA DO BRASIL LTDA.
Rua Bela Cintra, 986, 4º andar – Consolação
São Paulo – SP CEP 01415-002
www.planetadelivros.com.br
faleconosco@editoraplaneta.com.br

Carta ao leitor ◊ 7

1. O mal tentou me derrubar ◊ 9

2. Esteja aberto para o encontro com o Espírito Santo ◊ 21

3. O mal está à espreita ◊ 36

4. O bem que recebemos ao proteger nossa mente ◊ 48

5. Combata a inveja com gratidão ◊ 55

6. Seja como Jesus ◊ 67

7. Volte ao primeiro amor ◊ 77

8. Tripé da fé ◊ 91

9. Maria passa à frente e pisa na cabeça da serpente ◊ 103

10. Suicídio ◊ 113

11. Relatos de quem presenciou ◊ 123

12. O fim é sempre um começo ◊ 134

Bibliografia ◊ 144

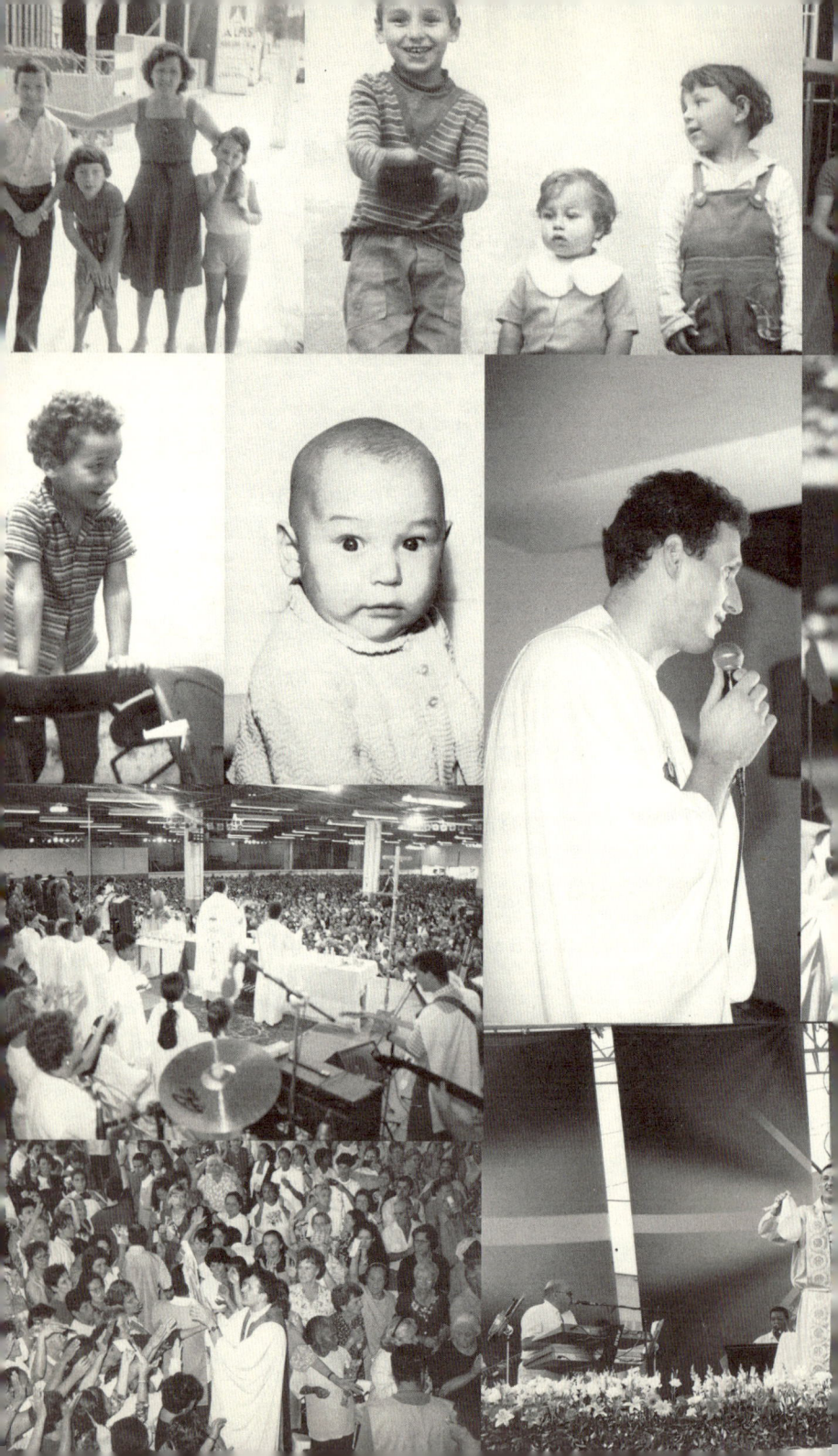

Carta ao leitor

◊

Amado,

Muitas das coisas que você vai ler neste livro tratam de superação. Nele, conto um pouco de minha história, desde que nasci até o empurrão, quando caí de uma altura de mais de dois metros em ataque que dá nome a este livro. Você verá a mão de Deus sobre mim, dando força para superar todos os desafios que tive na minha vida e na minha história. E como aprendi, ainda criança, pela Renovação Carismática Católica, a vivenciar minha vida cristã.

Você vai conhecer mais a fundo o Tripé da minha fé – que me sustenta a cada dia: a Sagrada Eucaristia, as Sagradas Escrituras e o Santo Rosário, três armas poderosíssimas para superar qualquer mal e vencer o inimigo.

Deus permite que passemos por momentos difíceis em nossa vida para moldar o nosso caráter, e, assim, enxergarmos como somos pessoas frágeis e dependentes Dele. E percebermos, também, que, cheios do Espírito Santo, temos força para ir em frente e superarmos os maus momentos. Como, por exemplo, a pandemia provocada pelo coronavírus que aconteceu durante a redação de *Batismo de fogo*.

Peço a Deus que este livro seja para você a força da superação divina.

Fé é o caminho da superação: hoje estou melhor do que ontem, buscando melhorar o amanhã.

E oro agora a Santa Terezinha do menino Jesus esta pequena oração que aprendi com a minha diretora espiritual, Patti.

Little flower, in this hour, show your power. Amen.

Pequena Flor, nesta hora, mostra o teu poder. Amém.

Com certeza você terá uma leitura abençoadíssima e de profunda superação.

Em nome de Jesus,

Padre Marcelo Rossi.

1
O mal tentou me derrubar

◊

A dor que sentia naquele momento era a mais forte que já havia tido em toda a minha vida. Tão forte que não conseguia pensar racionalmente em mais nada.

Segundos antes, eu estava no palco celebrando a missa para mais de cem mil jovens e agora, no chão, tudo o que ocupava a minha mente era a dor. Terrível a ponto de eu não conseguir sequer determinar de onde ela partia em meu corpo.

Já tinha passado por sensação de morte iminente, mas esse não era o caso. Durante o delírio de dor, tive flashes de quando, em meu oitavo dia como padre, em 1994, estava dirigindo e recebi uma fechada de outro carro, que, no susto, me fez acelerar e bater, de frente, em um poste. Tamanho foi o impacto, que arranquei parte do volante do carro com as mãos. Quando isso aconteceu, como é comum as pessoas relatarem, a vida inteira passou como um filme pela minha cabeça e perdi completamente a noção do tempo, mesmo sem perder a consciência. Somente horas depois notei que estava em estado de choque, em uma espécie de ausência.

Mas não era isso o que sentia desta vez.

No chão, após uma queda de mais de dois metros de altura, não tive pressentimento de morte, não entrei em estado alterado de consciência, nada. Tudo o que me consumia era a dor. E um sentimento de carinho, como a ternura de mãe.

Aos poucos fui montando as peças do quebra-cabeça do que havia acontecido, mas isso era menos importante do que a pergunta que começou a se desenhar: o que o Senhor queria com aquilo?

Ali e nos dias que se seguiram comecei a enxergar todas as peças que levaram àquela situação.

Tenho a visão periférica muito boa. Além do meu foco frontal, sempre visualizo bem as coisas que estão dos meus dois lados no campo visual. Apenas quando entro na parte da consagração na missa, meu foco centraliza e perco a visão lateral. Era justamente sobre isso que eu estava falando com os jovens quando tudo aconteceu. Contava-lhes que, desde a ordenação sacerdotal, minhas mãos não eram mais minhas, mas as de Jesus. Por meio delas, é Ele quem realiza os sacramentos e torna o pão e o vinho em Seu corpo e sangue. Ao presidir as celebrações, o sacerdote age *in persona Christi* ("na pessoa de Cristo", em latim).

Eu estava na pessoa de Cristo, mostrando minhas mãos para os jovens, vulnerável por completo.

Como a missa era na Canção Nova, em Cachoeira Paulista, comunidade que é minha casa também, fiquei totalmente confortável para ir até a beirada do palco, que é particularmente alto para que todos tenham boa visão dele.

O evento era enorme, e, além dos cinco seguranças do local, a pessoa responsável pela minha queda driblou outros cinco seguranças que acompanhavam o vice-governador do Rio de Janeiro, Cláudio Castro, presente no local.

Se um dos padres me alertasse do perigo que vinha por trás, certamente, por instinto, eu teria me virado e abraçado a tal pessoa. Só que tudo o que era improvável aconteceu como em efeito dominó. Pois tinha que acontecer. Nenhum segurança a notou, não fui avisado pelos padres nem pelas outras pessoas presentes no altar.

Eu estava no chão, e minha preocupação começou a crescer e ficar dividida entre duas possibilidades de maior gravidade. A dor poderia estar vindo da minha cabeça por eu tê-la batido no chão, e a consequência futura disso seria bastante delicada. Ou ela poderia estar partindo da minha coluna, o que igualmente resultaria em estado delicado. Tenho discopatia degenerativa, que é quando os discos da coluna vão perdendo a propriedade de absorção de impacto e que, além de causar fragilidade à estrutura que me sustenta, pode acarretar um problema sério de locomoção.

Ou seja, um tombo de quase dois metros e meio, sem estar minimamente preparado para o impacto, era tudo de pior que poderia me acontecer. Mas aconteceu, e eu continuava tentando decifrar onde doía. Só que nada me apontava essa resposta. Assim, o melhor que me parecia ser feito era continuar no chão.

Nem os olhos eu abria, pois, nessa batalha mental de tentar absorver tudo o que acontecia, se eu olhasse e desse atenção para o que me falavam ou me recomendavam, dispersaria a avaliação da conjuntura.

Depois de passado o susto, soube que levei cinco minutos para responder à brigadista que foi me socorrer e pedi, por favor, para ela não me tocar quando tentou me movimentar.

Dois minutos depois, outra brigadista chegou perto e pediu em voz alta para buscarem uma maca para me removerem.

Nesse momento, o Senhor falou comigo, e tive a noção de que se eu saísse dali o inimigo ganharia.

Foi quando abri os olhos e me levantei.

Meu primeiro movimento, já em pé, foi o de me alongar, para buscar a sensação física de órgãos e membros com os quais eu poderia contar, pelo menos.

Percebi que a raiz da sensação angustiante não era na coluna nem na cabeça, mas provavelmente nas pernas. Essa cadeia de raciocínios foi tão rápida que a próxima ação que bolei mentalmente foi a de subir de volta ao palco.

Então firmei as duas mãos na beirada do tablado e fiz como uma subida de exercício de barra para voltar ao lugar de onde tinha caído.

Novamente em pé e com microfone na mão, apoiei-me no missionário Dunga e comecei a sentir espasmos musculares da dor. Ouvi uma voz interna que me recomendou sorrir como nunca; afinal, os jovens estavam obviamente assustados e precisavam de uma demonstração de que o mal não tinha vencido aquela batalha.

Não quis nem saber quem tinha me empurrado para o chão.

O instante em que parecia ter entrado em um túnel de vento e despencado era passado. Aquela sensação de uma lufada de ar no rosto ficaria na minha memória, parecida com a experiência que tive ao saltar de asa-delta e o momento em que tirei os pés do chão e me atirei da pedra.

"Maria passa à frente e pisa na cabeça da serpente" foi a frase que disse em voz ainda mais alta e que representava aquele momento.

É uma frase que eu uso há bastante tempo, mas que naquela semana em especial tinha ganhado novo significado para mim, a ponto de eu ter anunciado em meu programa na rádio que os próximos dias seriam dedicados à Nossa Senhora, sob aquele lema.

Era fim da tarde na cidade do Vale do Paraíba, que fica a cerca de duzentos quilômetros de São Paulo.

Ainda naquela manhã, durante a missa das 9 horas, realizada no Santuário Mãe de Deus, na capital, pela primeira vez pedi a intervenção dos presentes e me ajoelhei para rezarmos juntos uma Ave-Maria. Logo depois, chorei de emoção.

Isso nunca tinha acontecido antes.

Entendi que o Senhor me usaria de maneira diferente naquele dia, na comunidade Canção Nova. Só não sabia qual seria essa mudança.

Precisou que eu fosse jogado do palco e – soube por testemunhas – batesse com o ombro esquerdo em um tablado no chão, rodopiasse o corpo sobre a estrutura e aterrissasse com a cabeça em um canto do piso, as pernas sobre uma estrutura de ferro, para que percebesse.

Quando você assiste ao vídeo desse momento, nota que caio lá de cima, sumo do campo de registro da câmera e minha perna estranhamente sobe de volta. Foi justamente a batida dela na estrutura de ferro que causou aquela dor fortíssima.

Na sequência do vídeo, a mulher que me empurrou ainda desce um patamar e profere: "Vou terminar". Dá para ler os lábios dela, referindo-se à conclusão do que seria a missão maligna.

Ela foi contida, finalmente, e parte do episódio foi encerrada.

Ainda não era o fim daquele dia tão surpreendente e revelador, que começou da maneira habitual.

Aos domingos, celebro a missa, com transmissão pela Rede Globo, pouco antes das 6 horas. Por causa do compromisso cedo, pouco durmo nas noites de sábado e faço vigília. Aproveito para fazer minha oração pessoal diária, que é um momento de intimidade com Jesus, essencial para o meu viver e para minha vocação.

Celebrei com muito amor a missa que abriu aquele domingo de 14 de julho de 2019.

Na missa seguinte, comentei que mais tarde estaria em Cachoeira Paulista, onde encerraria o evento que a comunidade católica realizava especialmente para os jovens.

A sede da Canção Nova estava linda, com mais de cem mil jovens que participavam do fim de semana com o tema da "armadura do cristão", símbolo de que todos podem e devem ser guerreiros na luta contra o pecado e pela prática do bem.

A missa era a de encerramento do PHN (Por Hoje Não vou mais pecar), que é o movimento de combate ao pecado entre os jovens.

Tudo aconteceu no maior espaço da comunidade, o Centro de Evangelização Dom João Hipólito de Moraes, que tem capacidade para receber setenta mil pessoas.

O local é enorme, mede 120 metros de comprimento (é dez vezes maior do que um campo de futebol, para se ter ideia da dimensão) e estava completamente tomado por jovens.

Segundo a Polícia Militar, havia mais de cem mil, já que ocupavam todos os lugares e sobravam para fora do espaço coberto.

Fiquei muito tocado em ver Deus mobilizar essa geração, que tanto precisa Dele, em uma época que parece que todos os meios são usados para afastar os nossos jovens da fé. Eles são o futuro da Igreja, e eventos como esse mostram que estamos no caminho certo para aproximá-los de Deus.

Conduzi a missa com essa alegria e, retornando ao momento da homilia, que é quando explico um texto sagrado ou abordo um tema específico, comecei a contar a história do vaso reconstruído com fios de ouro.

Ela traz uma mensagem muito bonita e de esperança, justamente a verdade que os jovens precisam escutar sempre que possível, para lembrá-los de que quem permanece na fé nunca é desamparado.

Trata da importância de reconstruirmos a cada falha, a cada erro, o nosso caminho. Quando você escolhe um caminho que quebra ou causa dano ao seu vaso (à sua vida), não significa que tudo está perdido. Se você optar por refazer o seu vaso com fios de ouro, ele não manterá apenas seu propósito e sua missão, mas também terá ainda mais força e valor.

Assim é a vida.

A cada tropeço, a cada queda, temos que olhar para esse vaso que Deus nos deu e reconstruí-lo com fios de ouro, para que fique ainda mais forte e mostre que nada pode nos trazer a ideia de que um erro tem o poder de acabar conosco.

Uma vez remodelado esse vaso, as marcas que ficaram não são motivos de vergonha. Pelo contrário, são sinais de que o erro trouxe consequência, trouxe uma cicatriz, e de que somos inteiros nas mãos de Deus – nossa vida é uma peça completa dada por Deus, e as marcas são apenas o símbolo da Sua força que nos cura nessa trajetória.

Tudo isso que eu estava falando tornou-se, de repente, uma realidade em mim mesmo. Naquela mesma pregação, enquanto eu falava sobre a consagração e sobre Jesus que utiliza as mãos do sacerdote, formou-se uma cicatriz na minha história: o empurrão, a dor, a avaliação de tudo que estava acontecendo enquanto permanecia no chão. Mas o arremate foi feito com fio de ouro: o chamado de Deus para retornar ao palco e mostrar que o mal não tem o poder de acabar conosco enquanto estivermos vivendo pela fé e sob a proteção de Deus.

A força inexplicável que senti vinha da percepção de que tudo se encaixava.

Todos nós estamos suscetíveis a ataques mal-intencionados (como o que tinha acabado de me acontecer), mas Deus nos protege e nos dá forças sempre.

Na sequência da homilia, eu falaria justamente da dor que as situações da vida podem causar, mas que temos a força divina ao nosso lado para suportar e mostrar que em Deus somos imbatíveis, assim como na história dos vasos reconstruídos com fios de ouro.

Nós temos o poder de tudo superar, e as adversidades tornam mais fortes aqueles que se amparam em Deus e no exemplo de Jesus Cristo.

Foi quando peguei o microfone de volta e o Espírito Santo falou por mim. Ao subir ao palco, uma das recomendações que ouvi foi de que eu deveria ir a uma delegacia fazer um B.O. (Boletim de Ocorrência).

O Espírito Santo me falou e eu disse o seguinte no microfone: "Amados, eu não sei quem me empurrou nem quero saber. Só peço que, por favor, não façam nada com essa pessoa. Eu perdoo quem me fez isso. Disseram que eu deveria fazer um B.O. contra ela e eu vou fazer esse B.O. Meu B.O. é Bíblia e Oração, que é o que sempre faço quando vou a uma capela. Peço que vocês façam o mesmo quando alguém lhes caluniar, falar mal de vocês ou fizer qualquer coisa contra vocês. Vão à capela mais próxima e façam um B.O. para aquela pessoa: Bíblia e Oração".

Foi o momento em que percebi que muitos jovens foram tocados e ficaram emocionados. A sensação de que Deus me usaria de maneira diferente para a comunicação com eles foi essa. O missionário Dunga me abraçou, e, muito emocionado ainda, falei: "Se o inimigo achou que eu não iria falar, ele perdeu. E isso o deixa furioso. Maria passa à frente e pisa na cabeça da serpente!".

Eu sabia que mais uma vez não era eu falando, mas o Espírito Santo falando em mim. Por isso terminei a missa normalmente. Sabia que não tinha quebrado nenhum osso, apesar de ainda sentir bastante dor. E, se havia algum osso quebrado em mim, fui curado no instante em que perdoei a autora daquela agressão.

Quando voltei para casa e falei com minha mãe, Vilma, e com o meu bispo, Dom José Negri, ambos pediram para que eu fosse fazer exames. Resolvi ir, mais para aliviar a preocupação deles, pois sabia que nada mais grave tinha me acontecido.

Esperei até terça-feira para ter margem de segurança, já que, se por acaso houvesse alguma lesão na cabeça, o tempo recomendado para observação e teste definitivo era de quarenta e oito horas.

No dia 16, realizei os exames, e os médicos simplesmente não acreditavam que eu tinha caído daquela altura e daquela maneira – empurrado pelas costas, totalmente despreparado – e não tinha quebrado nada.

Com base nos exames primários, suspeitaram que tivesse acontecido algo em minha escápula (a parte de trás e superior do tórax). Se ainda suspeitassem do ombro, já que tinha batido com ele no tablado ao cair, faria sentido, mas, de todo modo, realizei os exames, que não apontaram nada.

O médico que me atendeu coçou a cabeça e, por fim, disse que não tinha nada a ser consertado e me receitou arnica para a dor.

Estranhei, pois eu já tinha passado por momentos de bastante dor quando quebrei a perna ou quando tive crise ciática e usei muitos analgésicos.

Graças a Deus havia me livrado dos remédios. Mas me parecia pouco receitar um fitoterápico para a dor, algo feito de planta medicinal. Apesar disso, segui a recomendação médica e posso dizer que estou mais forte do que nunca.

Diante de tudo isso, não tenho dúvidas de que as palavras que falei no palco tinham sido provadas literalmente: Nossa Senhora passou à frente e pisou na cabeça da serpente.

O mal queria a minha morte naquele momento, mas Nossa Senhora não permitiu, e eu renasci. Diferentemente da história do vaso, desta vez eu não tive uma marca, uma "rachadura" sequer para consertar com fios de ouro. Nada que mostrasse imperfeição no que havia acontecido.

A marca que o empurrão trouxe foi a abertura de uma nova fase em minha vocação. Ganhei uma nova intrepidez para orar em línguas, para proclamar curas, para trazer o povo de Deus para a intimidade com Jesus.

Passados vários meses do ocorrido, a consequência foi que muitas pessoas voltaram à igreja. Gente que por um problema ou outro tinha se afastado da fé e que retornou porque testemunhou o poder de Deus.

Passei pelo batismo de fogo e meu ministério triplicou de tamanho. O que me deixa ainda mais feliz é que muitos voltaram ao amor à Nossa Mãe Maria. A frase "Maria passa à frente e pisa na cabeça da serpente" virou oração de inúmeros fiéis, todos os dias, além de diversas lindas canções.

Como foi predito no Cântico de Maria do Evangelho de São Lucas:

"E Maria disse: 'Minha alma glorifica ao Senhor, meu espírito exulta de alegria em Deus, meu Salvador, porque olhou para sua pobre serva. Por isso, desde agora, me proclamarão bem-aventurada todas as gerações, porque realizou em mim maravilhas aquele que é poderoso e cujo nome é Santo'" (Lc 1,46-49).

A nossa geração está fazendo exatamente isso: proclamando Bendita Nossa Senhora.

O inimigo odeia Maria, porque em sua simplicidade, em seu jeito humilde de ser, ela acaba com a força do mal.

Era uma mensagem também para mim, pois por duas vezes em minha vida, anteriormente, havia me afastado da fé. Mas Deus é infalível e por duas vezes falou comigo e promoveu meu reencontro com o Espírito Santo. Até que, no dia 14 de julho de 2019, Ele falou comigo e através de mim de uma maneira nova.

Assim como agora sei que tenho a missão de contar mais sobre essas passagens, mais da minha história e de todas as provas que tive da onipresença divina e de seu poder absoluto, que me fizeram superar todos os obstáculos.

Vivemos, durante a elaboração deste livro, um momento de prova coletiva com a pandemia do coronavírus. O mal quis derrubar a todos, com ameaça de contaminação e prejuízos de todos os tipos – físico, propriamente dito, com os danos à saúde e ameaça de morte; emocional; financeiro, em trabalhos e emprego; na confiança nos outros. É mais um motivo para estarmos unidos espiritualmente e em atitudes, pois fortalecendo aos outros estaremos igualmente nos beneficiando, até que fisicamente possamos estar juntos de novo para celebrarmos a vida em todas as suas possibilidades.

A lição maior é de que tudo passa. E se você aceitar e buscar a companhia de Deus durante esses momentos de aflição, não apenas superará com maior tranquilidade como também sairá mais forte.

Falo com propriedade, pois minha história toda é uma prova disso. Como você vai constatar neste e nos capítulos a seguir.

Oração

Jesus, primeiramente eu quero Te agradecer. Agradecer pelos livramentos que nós recebemos do Senhor todos os dias. Agradecer por nos livrar de tudo aquilo que o mal usa para atentar contra nós. Agradecer quando Nossa Senhora e os anjos da guarda nos socorrem.

Quero blindar cada um que está lendo este livro com o Sangue poderoso de Jesus.

O Senhor tem um plano para cada um de nós. Só que o mal não quer que cumpramos o nosso chamado, a nossa vocação.

Mas todo propósito de Deus é nos conduzir e a quem convive conosco para a intimidade com Deus, para fazer o bem.

O mal não quer o bem.

Só que nós, hoje, com a graça de Deus, assumimos nossa vocação como pessoas batizadas. Nós nascemos para sermos luz. Nós nascemos para semear o bem. Nós nascemos para uma vida rumo ao céu.

Dá-nos a graça de perseverar na fé, de querermos ser pessoas melhores para os outros a cada novo dia.

Que Nossa Senhora passe à frente de tudo em nossa vida e pise na cabeça da serpente – da serpente do egoísmo, da serpente das fofocas, da serpente da inveja, da serpente da doença, da serpente de tudo o que nos afasta de Deus. Que Nossa Senhora possa pisar em todo o mal e sejamos pessoas libertas para viver um caminho de santidade, porque nascemos para sermos santos.

Santidade não é perfeição, santidade é comprometimento com Deus. É se deixar esvaziar de tudo o que vem de nós para ser preenchido com o Espírito Santo. É viver uma vida que quer agradar somente a Deus e não às pessoas.

Santidade é levar uma vida com a consciência de que tudo neste mundo é passageiro.

Temos que investir em nossa fé, nas virtudes, em semear o bem, em pacificar os ambientes e deixar marcas do Eterno no outro.

Jesus, batiza-nos no Teu Espírito Santo, para que possamos, pela Força do Alto, viver uma vida nova, uma vida em que a fé seja o mais importante entre tudo que nos é importante.

Que possamos viver uma existência conforme a Tua Santa Palavra.

Obrigado, meu Deus.

E pelo poder a mim concedido pela Igreja como sacerdote, eu te abençoo no nome da Trindade Santa, para que sejas repleto dos dons do Espírito Santo e tudo em ti seja renascido para Deus.

Em nome do Pai, do Filho e do Espírito Santo.

Amém.

2
Esteja aberto para o encontro com o Espírito Santo

◊

Sei a data exata do meu segundo e definitivo reencontro com o Espírito Santo, pois aconteceu justamente quando acompanhava a corrida de Fórmula 1 em que o nosso saudoso Ayrton Senna venceu seu primeiro título, no Japão: 30 de outubro de 1988.

Era madrugada no Brasil quando fui assistir à prova sozinho, pois minha família tinha viajado para o balneário de Águas de Lindoia (160 quilômetros de distância de São Paulo) para passear.

Na véspera da viagem, a Irmã Josefina Ribas, que era muito próxima da minha família, alertou minha mãe para que ela rezasse muito naquele fim de semana, pois havia tido um pressentimento de morte em relação a mim.

Era uma época em que eu tinha me afastado da fé.

Cursava faculdade de Educação Física na Fefisa (Faculdades Integradas de Santo André, na Grande São Paulo), havia servido no Exército no Batalhão de Guardas e passava a só me preocupar com o físico.

Queria ficar cada vez mais forte, cada vez mais musculoso. As prioridades da minha vida passaram a ser os exercícios na academia.

Quando comecei a treinar em uma academia grande no bairro de Santana, zona norte da capital paulistana, encontrei um dia por lá o Ayrton Senna. Sua família também era da zona norte e treinávamos no mesmo espaço.

O Ayrton ainda não era o herói esportivo que se tornaria nos anos seguintes, mas era um ser humano humilde e completamente da paz, sendo perceptível sua dedicação a Deus.

Na mesma academia, conheci o mundo dos esteroides anabolizantes – coquetel de medicamentos e hormônios que provocam artificialmente o crescimento dos músculos.

Como minha principal intenção naquele momento de vida era ficar o mais musculoso possível, resolvi experimentar esse atalho nocivo.

No último fim de semana de outubro de 1988, os dois componentes se encontraram: a corrida de Ayrton Senna no Japão, que poderia selar seu primeiro título na Fórmula 1, e uma aplicação de anabolizante.

As palavras da Irmã Josefina se mostraram proféticas e comecei a me sentir muito mal. Resolvi assistir à corrida para tentar afastar um pouco do mal-estar. E a situação que a tela da TV mostrava se refletia em minha vida.

Lembro que o Ayrton não iniciou muito bem a prova. Foi parar entre os últimos. Só que com plena determinação e garra começou a ultrapassar um a um os outros pilotos até terminar com uma vitória linda e o título de campeão daquele ano.

Quando, na última volta, ele levantou as mãos, como em agradecimento a Deus, fiquei especialmente emocionado. Naquela hora, Deus voltou a falar comigo.

Já com a corrida encerrada, ele deu uma entrevista que confirmou tudo o que havia sentido: "Agora posso dizer sem receio e sem medo: foi Deus quem me deu este campeonato. Foi Ele quem me deu toda a força, toda a potência para vencer. Graças a Deus eu consegui", ele disse, atribuindo pela primeira vez suas vitórias a Deus.

Chorei muito. Pedi perdão a Deus e, poucas horas depois, na manhã de domingo ainda, peguei meu Passat verde, e fui até a Paróquia de Santa Teresinha e fiz uma confissão emocionada.

Aquele momento ainda me marcaria com uma convicção definitiva quando, no ano seguinte, Ayrton falou que durante a última volta da corrida ele teve uma visão de Deus.

Em sua lápide, há a inscrição de devoção eterna: "Nada pode me separar do amor de Deus".

Deus falou comigo por meio de Ayrton naquele dia. Mesmo dia em que conversei com meus pais, Vilma e Antônio, e contei que havia retornado à vida de dedicação à fé.

Vida que eles haviam me propiciado vinte e um anos antes, no sábado de 20 de maio de 1967.

Eram 14 horas quando cheguei ao mundo. Nasci roxo e quase não sobrevivi, pois tinha o cordão umbilical enrolado em três voltas no meu pescoço.

Para completar, minha mãe não teve a dilatação do colo do útero necessária para que fosse realizado parto normal.

Depois de três dias internada no Hospital Beneficência Portuguesa, um primo do meu pai, o obstetra Wanderley Frederic, fez o parto por cesariana.

Era para eu ter nascido no começo de junho, mas aos oito meses e meio de gravidez minha mãe foi fazer um exame de rotina e o médico ordenou que fosse internada imediatamente.

Muitos hospitais estavam em greve e foi uma dificuldade para encontrar um que a atendesse. Conseguiram no Beneficência Portuguesa, mas sem dilatação eu não nasceria por parto normal. Meus pais também não tinham condição financeira para pagar pela cirurgia cesariana, então meu avô, Alfredo Rossi, pai do meu pai, sempre generoso, ligou para seu sobrinho e acertou a conta com ele.

Nem assim fiquei fora de risco, e no dia seguinte foi marcado o meu batismo de emergência na capela do hospital.

Meus padrinhos, Ede Mendonça Senger e Wilson Senger, conversaram com o padre capelão do Beneficência e conseguiram que no domingo eu fosse batizado.

Não sei se você sabe, mas o batismo de emergência pode ser feito por qualquer católico, desde que exista uma situação de vida ou morte. O batismo é feito em nome da Trindade, mas, caso o batizado sobreviva, precisa ir depois a uma igreja, complementar os demais ritos e documentá-lo.

Como o capelão do hospital realizou a celebração e deixou a documentação pronta, tudo foi feito imediatamente.

O detalhe é que minha mãe não pôde participar, pois estava em recuperação da cirurgia. Mas no dia seguinte ao meu nascimento na Terra, nasci para o céu – tive meu passaporte carimbado e abençoado por Deus.

Ainda durante a gravidez, minha mãe conta que um dia ela estava sozinha em casa e o céu começou a ficar muito, muito escuro. Em minutos, o dia virou noite e ela ficou com muito medo. Meu pai estava trabalhando e não existia celular ou um contato tão fácil quanto hoje em dia.

O medo só cresceu, e ela começou a rezar como nunca, até que consagrou o futuro bebê nas mãos de Nossa Senhora.

Se você é católico deve saber que sábado é o dia de Nossa Senhora. Eu nasci justamente em um sábado, então era um caminho já traçado que me levou à Mãe de Deus.

Tanto que, para eu dormir, ela percebeu que me embalar com a música "Mãezinha do céu" era o único jeito de fazer com que me acalmasse. A letra diz o seguinte:

Azul é seu manto
Branco é seu véu
Mãezinha, eu quero te ver
Lá no céu.

Mãezinha do céu
Mãe do puro amor
Jesus é seu filho
Eu também sou.

Se você tem um bebê em casa ou na família, recomendo a canção. Mas, se mesmo assim ele se recusar a dormir, você pode fazer como meus pais, que me levavam para dar uma volta no quarteirão no Fusquinha da família.

Na verdade, toda a proximidade e as situações em torno de Maria são algumas das razões de eu ser mariano. Nossa Senhora sempre esteve presente em toda a minha vida. Com seu cuidado materno, seu jeito carinhoso, ela sempre guardou meus passos.

Quando eu tinha 1 ano e meio, nasceu minha irmã do meio, Mônica. Perto de completar 4 anos, veio a caçula, Marta. Ambas Mendonça, sobrenome da família da minha mãe, e Rossi, da parte do meu pai.

Nascemos os três em um lar católico. Vivíamos o catolicismo de modo sincero; contudo, sem – o que chamamos na Renovação Carismática Católica – um encontro pessoal com Jesus.

Esse encontro nasce em um momento de contrição, quando o católico tem a experiência de se arrepender verdadeiramente de seus pecados e vê nascer um desejo urgente de mudança em sua vida, que só pode acontecer pelo poder do Espírito Santo.

Todos os domingos nós íamos à missa, até que um primo do meu pai o convidou para o encontro Decolores (Movimento de Cursilhos de Cristandade). O Cursilho é uma iniciativa católica que promove encontros regulares para que as pessoas tenham consciência da importância de viverem à luz do Evangelho tanto em sua vida particular como em comunidade.

Isso mudou a vida dos meus pais. Logo eles se engajaram totalmente nas práticas da igreja de Santana, que fica no bairro de mesmo nome e à época pertencia aos padres saletinos (missionários de Nossa Senhora de Salette).

Nossa vida passou a ficar dividida entre a igreja, a família e a recreação no Clube Esperia, que, para quem conhece São Paulo, fica ao lado do Parque do Anhembi e da réplica do avião 14-bis, na praça que leva o nome do pai da aviação, Santos Dumont.

A formação religiosa de meus pais teve ainda outra mudança quando um amigo da igreja, chamado Oswaldo Cesena, convidou-os para participarem de um movimento católico novo trazido ao Brasil pelo padre norte-americano Haroldo Rahm.

O padre havia chegado ao Brasil cerca de sete anos antes. Aqui ficou conhecido apenas Padre Haroldo. Junto à missão, trouxe a base da Renovação Carismática Católica (RCC), que nasceu praticamente ao mesmo tempo nos Estados Unidos.

Meus pais vivenciaram pela Renovação Carismática a experiência pessoal com o amor de Deus, a força do Espírito Santo e de seus dons e a maravilha que é viver a santidade como discípulos de Jesus Cristo.

Eles foram batizados no Espírito Santo e se apaixonaram por Jesus de um jeito que levou a família inteira a experimentar o mesmo sentimento.

Começaram a frequentar grupos de oração, retiros, a dar palestras em encontros e a ir diariamente à missa. Papai ia cedo, antes de ir trabalhar, e minha mãe ia geralmente no começo da tarde. Quando nossas aulas na escola passaram a ser pela manhã, ela começou a ir bem cedinho à missa.

Nossa família foi abençoada na Renovação Carismática Católica pelo Padre Haroldo, um de seus iniciadores no Brasil. Ele faleceu em 2019, aos 100 anos, em São Paulo. Deixou o instituto que leva seu nome e a obra linda como herança aqui no país que ele adotou como seu.

Foi a vivência da fé de meus pais que me levou ao meu primeiro encontro com o Espírito Santo.

Uma amiga da família, a amada Maria Gabriela de Oliveira Alves, foi um dia em casa rezar para todos nós. Morávamos em uma das casas do meu avô, na rua Anibal Benévolo, 71, na ocasião.

Lembro que era pequeno. Devia ter 7 ou 8 anos, aquela idade em que as lembranças já começam a ficar mais vívidas. Durante a oração, minha mãe e eu caímos em repouso no Espírito Santo e daquele dia em diante Deus se tornou alguém muito real na minha vida.

Frequentávamos as missas com minha mãe, mas depois do batismo no Espírito, a prática religiosa ganhou novo sentido para mim. Outra amiga da família, Delizete, nos levava a grupos de oração, e passamos a ter mais contato com minha amada tia Laura.

Éramos uma família comum, com as atividades infantis de três crianças, idas ao clube, brincadeiras, só que em primeiro lugar em nossa casa vinha Deus. Meus pais sempre deixaram esse exemplo, mostrando como Deus tinha mudado a vida deles para melhor em todas as conversas e nas coisas práticas. Viviam o que professavam, sempre ajudando os outros.

Os exemplos deles foram fundamentais para nos tornar o que somos. Minha mãe levava, uma vez por semana, a Eucaristia para os doentes. Um de nós sempre a acompanhava e os outros dois ficavam em casa com a nossa colaboradora.

Não era só pela assistência aos outros que o Espírito Santo se mostrava definitivamente presente na nossa família. Se você vir uma fotografia minha aos 11 ou 12 anos, eu estarei usando óculos com lentes muito grossas, pois tinha graus altos de miopia e astigmatismo. Durante um grupo de oração no Santuário de Nossa Senhora de Salette, houve uma ministração de cura, e minha visão, que era totalmente distorcida sem os óculos, ficou perfeita. E assim ela se mantém quarenta anos depois dessa manifestação do Espírito Santo.

Como já passei dos 50 anos, às vezes a idade pede uma lente para leitura, para enxergar de perto. Tirando isso, continuo enxergando muito bem.

Nessa época, nossas férias eram divididas entre Águas de Lindoia e Santos, uma das cidades litorâneas mais próximas de São Paulo. Pensando a partir do crescimento de São Paulo nesses anos todos desde a minha infância, sendo Santos a cerca de sessenta quilômetros de estrada de São Paulo, a cidade mais parece um bairro da capital. Em menos de uma hora você desce a serra e chega à praia.

Mas para um garoto, que tinha a vida concentrada basicamente na zona norte da cidade, era uma viagem aguardada com ansiedade o ano inteiro.

Sempre em janeiro, meu pai tirava férias do banco em que trabalhava. Meu avô Alfredo tinha um apartamento pertinho da praia José Menino, no posto 2, em Santos, e dividíamos o mês com minha tia – os primeiros quinze dias eram da família dela no apartamento, e nós ficávamos com o restante de janeiro.

Logo depois da virada do ano, minha família ia para Águas de Lindoia, hospedar-se no Hotel Fredy. Fomos tantas vezes que tínhamos quase a sensação de ser um hotel familiar.

De lá, rumávamos para Santos, e era época de reunir outra parte da família, já que alguns parentes do meu avô também tinham apartamentos lá. Então nem precisava marcar encontro para juntar a garotada toda na praia.

Outra reunião que não precisava ser marcada era na igreja. Podíamos estar em férias do trabalho e da escola, mas nunca de Deus.

Todos os dias íamos à missa na igreja Nossa Senhora do Rosário, que ficava a duas quadras de distância do apartamento do meu avô. Ela acontecia geralmente às 19h30.

Preciso contar certa traquinagem que fazíamos. Lá em Santos, líamos o jornal local, *A Tribuna*. Nele, junto ao obituário, vinham anunciadas as missas de sétimo dia.

Quando havia uma marcada, nós ficávamos até mais tarde na praia. Por volta das 18 horas voltávamos para casa para tomar um banho e seguíamos em turma para a missa.

Quando chegávamos, dava para ver um monte de gente olhando para nós com aquelas caras de "quem são esses?".

Ninguém nos conhecia, claro. Mas tudo bem, íamos para ter encontro com Jesus. Tudo o que nos importava era não ficar sem comungar com Ele.

Nas férias de 1984, quando tinha 16 anos, conheci minha primeira namorada. Por acaso ela era de Santos, mas nos encontramos no Hotel Fredy, em Lindoia. Quer dizer, não era tanto ao acaso, já que muitos moradores de Santos iam para o hotel nas férias de verão, pois achavam que a cidade ficava muito cheia com a chegada de turistas de São Paulo.

O namoro não durou muito, afinal na época não era muito fácil manter um relacionamento a distância. Não havia internet nem celular, ligação interurbana era bastante cara e o jeito era se corresponder por cartas.

No mesmo ano, porém, conheci a Simone, filha de uma amiga do grupo de oração da minha mãe, e comecei meu segundo namoro. Durou alguns anos, até eu ser convocado para servir no Exército.

Nessa fase final da adolescência, minha casa era frequentada por pessoas muito queridas e pelas quais mantenho enorme carinho. Além da Irmã Josefina, tia Laura, Gabriela, Delizete e Padre Ivo – lembro com muita saudade dele, padre saletino que celebrava missa semanalmente em casa até o dia em que morreu.

Entre tantas pessoas queridas, quem sabiamente não acreditava em meus namoros eram a tia Laura e a Gabriela. Certa vez, a tia comentou com minha madrinha que sabia que eu seria padre e que levaria uma multidão para as missas.

A Gabriela, por sua vez, falou diretamente para a Simone que nosso namoro não daria em nada. "Ele vai ser padre", ela justificou para minha namorada.

Quando a Simone me contou, eu apenas ri: "Não vou (*ser padre*), não. Vou ser professor de Educação Física e vou casar".

Mas Deus tinha seus planos.

Eu estudava no Colégio Salesiano Santa Teresinha. Escolhi fazer curso profissionalizante de Eletrotécnica, mas vi que não levava jeito para aquilo e, no terceiro colegial, fui estudar com os padres beneditinos.

Nessa época, nós chamávamos a sequência de formação de curso primário (1ª a 4ª série), ginásio (5ª a 8ª) e colegial (1º ao 3º ano). Atualmente, anteciparam um ano da formação, o pré-primário virou 1ª série e as divisões viraram ensinos básico, fundamental e médio.

Portanto, o último ano do que é o ensino médio foi justamente a fase em que enveredei para o mundo da ginástica e comecei a querer ficar musculoso – daí meu objetivo de me tornar professor de Educação Física.

Como contei no início deste capítulo, foi quando comecei a usar anabolizantes. Tudo ficou meio confuso na minha vida e foi um período de certa revolta.

Minha mãe percebia que algo não estava certo e, quando eu chegava em casa, constantemente a pegava ajoelhada rezando diante de uma imagem de Nossa Senhora de Fátima, que ganhamos de presente de uma vizinha portuguesa, a dona Candidinha.

A verdade é que de certo modo eu tinha me afastado de Deus. Para quem era próximo e me conhecia, isso era perceptível. Eu servia no Exército no Batalhão de Guardas até que fui dispensado para completar o estudo universitário.

Na mesma época, tive o segundo encontro com o Espírito Santo e minha vida retornou de vez ao Seu propósito. Voltei aos grupos de oração, fui completar o curso de Educação Física, mas sabia que a graduação era mera formalidade – eu seria padre, já estava decidido.

Fui até o fim e peguei o diploma, pois queria concluir o estudo como agradecimento ao esforço dos meus pais e oferecer como um presente a eles: o primeiro filho formado em uma faculdade.

Eu sabia o quanto era importante para eles e quanto sacrifício fizeram para me dar aquela formação.

Junto ao estudo, formei meu primeiro grupo de jovens, no salão da creche da Irmã Josefina. Minha irmã, Marta, tocava violão, convidei alguns amigos e iniciei as reuniões semanais, às quartas-feiras.

Deus começou a me usar e em três meses o espaço cedido pela Irmã ficou pequeno para tantos jovens que passaram a frequentar o grupo.

Por meio de padres salesianos, filhos espirituais de São João Bosco, viajei para participar do primeiro Rebanhão de Jovens em Cruzeiro, cidade do Vale do Paraíba, em São Paulo.

O Rebanhão acontece durante o Carnaval e marca principalmente um tempo de renovação da espiritualidade.

Durante o encontro daquele ano, o fundador da Comunidade Católica Shalom, Moysés Louro de Azevedo Filho, falou na pregação: "Há um jovem presente aqui que está indeciso. Só que Deus está te chamando para ser padre, está te chamando para o celibato. Você sabe que Ele está falando com você. Levante a mão".

Eu sabia que era comigo, mas olhei para os lados e ninguém se manifestou. Fiquei envergonhado e quieto. Quando ele insistiu, levantei a mão.

Ao fim de seu discurso, fui falar com ele, que rezou comigo e disse: "Vai, meu filho, essa é a sua vocação".

Eu sabia que era mesmo. E fui.

No começo de 1990, fui ter minha primeira experiência com os padres salesianos, que possuem a Instituição Nossa Senhora Auxiliadora de ensino, em Cruzeiro.

Em março daquele ano, eu e todos os brasileiros recebemos um balde de água gelada em nossa cabeça. O presidente recém-eleito, Fernando Collor de Mello, tomou medidas drásticas na economia para tentar conter a alta inflação e praticamente tirou o dinheiro de circulação ao reter tudo nos bancos.

A lógica era que quanto menos dinheiro nas ruas, menor seria o consumo e os preços não subiriam. Só que isso afetou todo o mercado, e muitas empresas começaram a ter dificuldades e a demitir funcionários em massa.

Meu pai foi um dos atingidos pelas demissões. Sendo o primogênito e único filho homem, eu sabia que teria que ajudar no sustento da família. Só que escutava a voz de Deus dentro de mim, que dizia: "Eu cuidarei deles".

Realmente cuidou e foi um ano maravilhoso. Pude participar do grupo que tia Laura tinha na cidade de Lorena, também no Vale do Paraíba e pertinho de Cruzeiro (cerca de trinta quilômetros de distância). Com a ajuda de Gabriela, comecei a entender que Deus me queria servindo em paróquias, e não no apostolado em escolas.

Por isso agradeci aos padres salesianos, por quem nutro muita amizade e respeito, pela experiência maravilhosa que me proporcionaram e fui terminar meus estudos no Seminário de Santo Amaro e me tornar padre.

Assim, no dia 1º de dezembro de 1994, eu me tornei sacerdote de Jesus. Sou plenamente convicto da minha vocação e agradeço a Deus por ter me escolhido e salvado em muitos momentos de minha vida.

Oração

Jesus, pelo poder conferido a mim, como sacerdote de Deus, Teu sacerdote, peço neste momento que a Trindade Santa esteja conosco nesta oração.

Em qualquer lugar em que esta pessoa esteja lendo, que receba a cura interior, pelo poder do Espírito Santo Criador e pelo poder da Palavra de Deus.

Nós, católicos, cremos que desde o momento da fecundação, no encontro do espermatozoide do pai com o óvulo da mãe, uma nova criatura se forma – um ser amado por Deus, dando início à vida desta pessoa.

Batiza-a agora no Teu Santo Espírito.

Jesus, se esta criança foi desejada pelos pais, nós te agradecemos. Mas se por acaso esta criança veio ao mundo por abuso sexual, pela influência do uso de drogas, por diversão ou por qualquer razão não foi querida pelos pais, que pelo poder do Espírito Santo esta pessoa se sinta querida por Deus.

O Senhor quis que esta pessoa existisse.

O Senhor tem um plano de bênção na vida desta pessoa, mesmo que os seus não a quisessem.

Cura, Senhor, todo o trauma e todo o sentimento de pouca valia, de inferioridade, todo o sentimento de não ser amada. Preencha esta pessoa neste momento com o Teu amor que é eterno.

Obrigado, Jesus, pelos meses de gestação desta mãe.

Caso ela tenha passado por medo, por traumas, tristezas, traições, qualquer coisa negativa, retira tudo o que possa ter sofrido esta criança no ventre materno, toda a negatividade, medo, frustração e tantas outras coisas.

Quebra pelo poder do Teu sangue, Jesus, e no lugar coloca o Teu amor, que cura tudo.

No nascimento desta criança, que Tua mãe, Maria, seja a "enfermeira" que recebe este novo bebê na Terra, nesta morada temporária, e que pelo dom do Espírito Santo, esta pessoa que está lendo esta oração seja totalmente consagrada a Jesus e à Virgem Maria.

Todo o mal caia por terra, tudo o que for pecado, tudo o que for contrário à Palavra de Deus, que saia da vida desta pessoa. Que esta pessoa se sinta amada e que veja que Deus tem um plano para ela.

Que caia toda a pobreza que esta pessoa possa ter passado nos primeiros anos de vida, seja pela carência da mãe de dar de mamar, pelas brigas em casa ou pela falta de amor e respeito. Que caia tudo de ruim que possa ter ficado gravado na memória desta pessoa – quebra, Jesus, lava com o Teu sangue toda a memória desta pessoa, e no lugar coloca a Tua paz, que excede todo o entendimento.

Da infância até a adolescência, toda a dificuldade de adaptação na escola, todo bullying sofrido, todo desamor em casa, falta de comida, de abraços, todas as brigas entre pai, mãe e familiares, que possa ter havido – quebra, Jesus, quebra todas as más lembranças, os medos, os traumas dos maus professores, da falta de habilidade em alguma disciplina, o sentimento de incapacidade de aprender desta pessoa, de praticar algum esporte, pela falta de amigos, pela timidez ou pelo excesso de falar.

Cada pessoa que está lendo teve experiências diferentes, problemas diferentes, traumas diferentes, carências diferentes, mas todos nós temos um mesmo Deus, capaz de sanar toda a carência, capaz de curar todas as feridas, capaz de fazer novas todas as coisas.

A adolescência, a fase da escolha de nossa vocação ou profissão, Jesus, é um tempo tão complicado – queremos muito e podemos pouco, temos sonhos e muitos deles não se realizam, quantas coisas acontecem em todas as áreas de nossa vida que podem ter causado tristeza, medos, dificuldades, quantas pessoas que escolheram errado a vocação ou profissão e se arrependeram. Sejam quais forem as mágoas, tristezas, frustrações, decepções, traumas dessa pessoa, pelo poder das chagas de Jesus, ela está sendo curada, porque Deus faz novas todas as coisas e traz novos sonhos para seus filhos e filhas.

E agora, na autoridade que eu tenho como sacerdote – feche seus olhos após a leitura da oração – pelo poder da fé, eu coloco as minhas mãos sobre a sua cabeça e traço o sinal mais poderoso que temos: o sinal da Trindade nos abençoando, o sinal que quebra maldições, rompe maldades, pragas, invejas, que quebra todo e qualquer tipo de mal, este sinal da cruz.

Eu te abençoo pelo poder da fé: em nome do Pai e do Filho e do Espírito Santo.

Amém.

Deus me deu um novo nascimento, o nascimento de fogo. Para você, Ele está dando um novo nascimento: o Nascimento pela Palavra. Sim, a Palavra gerada no coração de Deus tem poder; e as palavras que você está lendo neste livro nasceram num momento de adoração ao Santíssimo Sacramento.

Creia.

São palavras ungidas que farão uma reviravolta em sua vida, assim como o empurrão fez em mim.

Os momentos da pandemia e os posteriores são mais que propícios para essas reviravoltas positivas. Para direcionarmos o volante de nossa vida rumo ao Senhor e ao que Ele falou e nos deixou.

Bem-vindo, meu filho. Bem-vinda, minha filha, para uma nova etapa em sua vida.

3
O mal está à espreita

◊

O inimigo é real e pode nos atingir fisicamente, como no caso da Covid-19. Mas, na maioria das vezes, o inimigo é sórdido, covarde e age em nosso psicológico para nos atingir – chega pela sua mente, sorrateiro, para prejudicá-lo espiritualmente e convencê-lo de que a vida não vale a pena.

Antes daquele empurrão no altar, foi dessa maneira que aconteceu comigo, quando enfrentei uma depressão e Deus me fez enxergar a doença – "mal do século 21", nome dado pelas autoridades no assunto.

Não é difícil constatar por que esse transtorno cresce tanto e hoje chega a atingir mais de 10% da população mundial. Certamente esse número é maior, uma vez que o percentual refere-se somente aos casos diagnosticados por médicos.

Como se trata de uma doença "silenciosa" e que para ser diagnosticada corretamente é necessário procurar um psiquiatra – recurso ao qual a maior parte de nossa população, por exemplo, não tem fácil acesso –, sei que o número de casos é bem maior e mais alarmante – até mesmo pelo aumento de relatos que ouço, sobretudo de familiares.

Durante a pandemia de Covid-19, esse número cresceu ainda mais. O vírus acometeu grande parcela das pessoas fisicamente e um número ainda maior emocionalmente, já que, por causa do recolhimento forçado, aumentaram o medo e as dúvidas, alavancando surtos de depressão. Os mesmos componentes ampliaram a preocupação com o futuro, e o resultado foi um aumento assustador nas curvas de diagnósticos de ansiedade.

Ou seja, não é por acaso que foi atribuída à depressão a denominação "doença do século 21".

Como costumava dizer o saudoso Padre Leo (Tarcísio Gonçalves Pereira), fundador da Comunidade Bethânia e que nos deixou em 2007, a turma de jovens do século 21 é a geração micro-ondas: quer tudo imediatamente, pois pensa que tudo na vida é instantâneo. Veja: não podemos deixar que isso se torne uma verdade absoluta; afinal, se determinada coisa não se realizar ou demorar para acontecer, não significa necessariamente que não valeu a pena.

Padre Leo fez, também, uma comparação muito boa entre o forno micro-ondas e o antigo forno à lenha. O primeiro esquenta o alimento em segundos. O segundo o coze por horas. Só que temos que lembrar que para extrair todo o sabor do alimento temos que respeitar o tempo de cozimento. Algumas vezes, o alimento pode ser preparado rapidamente com tecnologia moderna. No entanto, isso não pode virar regra, pois, com a pressa, perdemos um dos momentos mais saudáveis do ato de cozinhar, que é a prática ritual.

A ritualística da cozinha, aliás, é o que ensina a cozinhar de verdade.

Se a comparação for levada para o campo espiritual, seria algo como: "Vou rezar e instantaneamente meus pedidos vão se materializar na minha frente".

Aí eu pergunto: onde está a parte mais impactante e saborosa dessa prática, que é a intimidade com o Senhor?

Entendem a profundidade desse raciocínio e como deve ser aplicado à nossa vida diária?

Devo dizer que, no meu caso, a prática diária da intimidade com Jesus jamais foi afetada. Mas a doença é sórdida e procura inúmeros caminhos para se instalar. Contudo, uma vez instalada, isso não significa o fim da jornada, e sim a possibilidade do início de uma nova rota.

Foi assim que aconteceu comigo.

Passados vários anos, ainda não sei dizer com precisão o que motivou a minha depressão. Então, posso dizer que várias situações aconteceram na mesma época e contribuíram para me fazer cair em um estado de perda de sabor da vida.

Até as situações aparentemente rotineiras e banais entram na conta do que pode fazer com que nos consideremos menores e indignos de continuar vivendo.

Se você está tendo que lidar com pensamentos desse tipo, meu amado, quero falar em voz alta e por experiência própria que somos todos importantes aos olhos de Deus.

Não se deixe levar por essa armadilha espiritual do inimigo. É exatamente isso que ele quer que você pense para desistir da luta. Combata o bom combate e saiba que Deus não espera que ninguém seja o melhor em nada. Ele só espera que sejamos a melhor versão de nós mesmos para poder servir ao outro e à obra Dele.

Eu senti isso na pele.

Uma das situações que aconteceu comigo tem a ver com meu amor pelos animais.

Minha família, por sinal, ama os animais. Minha mãe era louca para ter um cachorro, mas meu pai não gostava da ideia.

Durante um dos períodos de férias em Santos, no ano em que decidi me tornar padre, encontramos um filhote de cachorro na rua e resolvemos adotá-lo. Meu pai só ficou olhando e concordou silenciosamente.

Subimos a serra com o filhote, e ele cresceu no nosso apartamento na avenida Brás Leme, em Santana.

Só que o meu condomínio tinha um regulamento interno que proibia cães de médio e grande porte – justamente no que nosso cachorro se transformou em alguns meses – nos apartamentos e nas dependências. Então, com dor no coração, tivemos de doá-lo. Mas a adoção não foi à toa.

No fim daquele ano, meu pai deu de presente para a minha mãe um cão da raça pinscher, mostrando que ele tinha se rendido ao amor canino. Mais tarde, quando ele ficou desempregado durante a crise do governo Collor, o cãozinho tornou-se seu companheiro inseparável. Olhem só a volta que a vida dá – digo isso com alegria.

No meu caso, um dos gatilhos da minha depressão teve a ver com o amor pelos animais.

Já padre, alguns anos depois, ganhei de amigos queridos dois cães das raças fila brasileiro e dogue alemão. São duas raças de cães enormes, que traduzem bem o tamanho de meu amor pelos bichos.

Só que aos 5 e 3 anos, respectivamente, os dois adoeceram e morreram, sem explicação médica alguma – o veterinário simplesmente não soube dizer o que os levou à morte.

Quem tem bichos de estimação sabe o enorme baque que a perda de um cachorro querido provoca. Imagine perder dois quase ao mesmo tempo.

Essa também foi uma época em que eu estava tentando me recuperar de um problema na coluna, me medicava muito, e os remédios me fizeram engordar e ficar muito inchado.

Comecei um regime maluco para voltar à minha forma física, só que exagerei e fiquei muito magro, parecendo um doente. Cheguei a pesar pouco mais de sessenta quilos, o que para meu 1,95 metro de altura é desproporcionalmente baixo.

Somado a isso, foi uma época em que eu estava me recuperando do tombo que levei na esteira e que me obrigou a abandonar as atividades físicas. É plenamente sabido que atividade física é benéfica à saúde do corpo, mas também à saúde mental, pois, em movimento, o corpo libera substâncias como endorfina, que promove sensação de bem-estar.

E veja só certa ironia a respeito de tudo o que falamos sobre o século 21, já que um dos responsáveis pela minha doença foi justamente o fato de ter recebido o título de "Evangelizador do Novo Milênio", o Prêmio Van Thuân, concedido pelo Vaticano e entregue pelo Papa Bento XVI.

Claro que receber o prêmio me deixou muito feliz, com sentimento de satisfação. Só que, em contrapartida, em minha cabeça certas manobras aconteceram e me deixaram com a sensação de que aquela realização significava que meu trabalho estava completo – o que, dependendo da sensibilidade momentânea, pode ser entendido como encerrado.

Veja só como a mente nos prega peças. Perceba que o inimigo usa qualquer deslize para se instalar e usar planos que racionalmente não conseguimos compreender.

Assim como aconteceu no caso do meu empurrão em Cachoeira Paulista, quando aquela pessoa saiu de uma arquibancada, pulou imensas caixas de som que rodeavam o palco, chegou ao altar sorrateiramente por trás, como se fosse invisível para todos os padres e seguranças presentes, e fez o que fez.

Isso é a vida sempre nos dando lições. E isso é Deus sempre nos mostrando o poder dos milagres a quem Nele deposita a confiança. Imagine, por exemplo, se fosse um sacerdote mais frágil que tivesse sido empurrado de mais de dois metros de altura. Ou se eu estivesse em estado mais delicado de saúde.

Aí está a verdadeira obra de Deus.

Aconteceu porque tinha que acontecer. E aconteceu comigo porque tinha que ser comigo. Foi um ataque a um sacerdote. E eu estava preparado para o ataque. Nas duas situações.

Como falei anteriormente, nada me afastou da minha prática de adoração à Santíssima Eucaristia, da leitura da Palavra de Deus, da celebração diária das missas e da oração ao Rosário.

Minha força interna não foi construída por Deus somente naquele momento. Ela vinha se desenvolvendo havia muitos anos, principalmente desde que aceitei minha missão e meu propósito de vida.

Sempre gostei de História e de ler as histórias das pessoas. Por meio de biografias, entendi que nada ou quase nada se alcança sem esforço e dedicação.

Na população mundial, apenas 4% das pessoas possuem alguma habilidade especial, seja para pegar um instrumento musical pela primeira vez e tocá-lo como se tivesse estudado por anos, ou mesmo praticar esporte com um talento natural.

A grande fatia dos seres humanos, 96%, é formada pelos "ordinários", pessoas que, como você e eu, dependem de abnegação, esforço, estudo e dedicação para alcançar seus objetivos.

As palavras do Padre Leo são muito sábias nesse sentido. Uma das melhores partes da jornada está justamente nesse processo, na estrada que conduz ao seu objetivo. Na maioria das vezes, esse caminhar causa mais satisfação do que o destino final.

Sabe a lâmpada que ilumina sua leitura? Você acha que ela aconteceu por acaso?

Basta ler a história de seu inventor, Thomas Edison.

Muita gente o chama de "gênio da lâmpada", mas não poderiam estar mais errados em dar-lhe esse apelido elogioso.

Thomas Edison enxergou seu objetivo, que era construir uma lâmpada de fios incandescentes, e iniciou a jornada em busca de alcançá-lo.

No meio do processo, quando um de seus assistentes contabilizou mais de setecentas tentativas sem que "tivessem avançado um passo sequer", ele ficou muito bravo com a perspectiva do colaborador.

"Como assim não avançamos um só passo? Avançamos setecentos passos rumo ao êxito final! Sabemos de setecentas coisas que não deram certo! Estamos para além de setecentas ilusões que mantínhamos anos atrás e que hoje não nos iludem mais. E a isso você chama perda de tempo?", ele disse para o auxiliar e seguiu rumo ao que sabia ser a verdade.

Thomas Edison precisou de cerca de 1.200 tentativas até conseguir criar a lâmpada e mudar o mundo para sempre.

Olhando hoje, quem ousa dizer que não valeu a pena?

Outro exemplo é a história dos Beatles. Eles se tornaram um dos grupos musicais mais importantes de nossa história.

Se pensarmos com a cabeça atual, provavelmente chegaremos à conclusão de que os quatro ingleses se encontraram por acaso, resolveram compor algumas músicas e bum... sucesso imediato!

Só que eles montaram o grupo, mudaram a formação original algumas vezes, foram morar na Alemanha, onde tocavam diariamente e quase pela madrugada inteira em casas noturnas pequenas até que o esforço resultou na habilidade de, juntos, criarem canções que entraram para a história da arte.

No esporte não é diferente.

Ao vermos vídeos de Michael Jordan, considerado o maior jogador de basquete de todos os tempos, podemos até pensar que ele nasceu com o talento natural para o esporte. Mas não é verdade.

Michael Jordan não fazia parte dos 4% da população mundial que nasce dotada de genialidade. Ele amava basquete, mas era como nós, os 96% que precisam se esforçar para serem bons em algo.

Em seus relatos, é perceptível que Jordan entendia a mensagem: não tinha pretensão de ser o melhor de todos, mas o melhor que pudesse ser naquilo que amava.

Para que isso se tornasse realidade, esforçou-se até o limite. Chegou a praticar cinco horas diárias de arremessos à cesta. Além de outra hora de aprimoramento físico e também da tática mental, em que simulava jogadas.

Assim, ele se tornou o maior no esporte que amava.

Seu exemplo nos mostra que todos nós podemos ser melhores a cada dia.

A lição é justamente esta: ser o melhor que você pode ser para servir aos outros.

Quando o objetivo é egoísta ou movido pela vaidade de ser simplesmente melhor do que os outros, isso leva à miséria emocional e à tristeza profunda – ponto que veremos também nos próximos capítulos.

Você acha que a escritora J.K. Rowling começou a escrever histórias com a pretensão de se tornar a autora mais popular do mundo? Ela própria afirma que não. Muito pelo contrário, começou a escrever quando havia acabado de perder a mãe e de se divorciar, sendo obrigada a cuidar, sozinha, de uma criança pequena e, para completar, estava desempregada.

Rowling sempre diz que um dos períodos mais felizes de sua vida profissional foi quando trabalhou na Anistia Internacional e tinha a tarefa de ler as cartas de pessoas espalhadas pelo mundo, vivendo em situação de risco – ela era feliz porque sabia que podia fazer a diferença na vida dessas pessoas. Exercitou isso até se tornar a escritora que o mundo conhece. E deixa a lição sobre a conta que muitas vezes pode ser enganadora entre sucesso e satisfação.

Nesse ponto é bom enxergarmos o campo espiritual, no qual atuaram os santos.

Poucos deles tiveram visões e experimentaram momentos de grande consolação espiritual. A imensa maioria foi como nós, pessoas comuns, que conquistaram feitos por meio de esforço e prática.

A diferença é que, mesmo sem um talento natural, não se desviaram da doutrina da Igreja, mas se deixaram conduzir pela confiança em Deus – optaram por viver de acordo com a Fé Católica. Com isso, enfrentaram muitas lutas e exercitaram diariamente a paciência, alegria, mansidão e bondade.

Os santos nos mostram que tudo isso requer exercício, meus filhos, minhas filhas.

Nós optamos por Jesus para sermos pessoas melhores para os outros, e não melhores do que os outros. Isso faz com que deixemos rastros de Deus por onde passamos.

Todos os dias peço a Deus para me esvaziar de mim mesmo, para ser preenchido pelo Espírito Santo, poder acolher o outro, ser bondoso, compreensivo, para eu ser um padre melhor.

Daí a lição de que temos que estar alertas, porque o inimigo espiritual é real. Ele não quer que saibamos que a vida é um campo de batalha.

Sim, a vida não é um eterno playground, onde você somente se diverte.

Nós teremos momentos felizes, mas por muitos dias o seu trabalho, o seu casamento, a sua família, o seu estudo, a sua vida de oração vão entrar em marasmo, em algo rotineiro, por vezes cansativo.

As coisas podem perder o brilho que possuíam no começo, ficarem insossas, monótonas. Problemas inesperados começam a acontecer, passamos por provações. Esse é o momento de fragilidade em que o inimigo ataca, quando ele usa a possibilidade de, na fraqueza, perdermos o foco em Jesus.

Comigo não foi diferente.

Tudo o que antes era imensamente prazeroso foi perdendo seu toque especial. Coisas e situações que me causavam extrema felicidade passaram a ficar sem sal, sem sabor.

Foram sete meses nessa situação até que Deus me concedeu uma grande graça. Pois Deus sempre concede uma graça. E a maior lição é a de que temos que estar preparados para recebê-la.

Uma amiga moradora de Campinas, Estelinha, convidou-me para conhecer a Patti Mansfield, precursora da Renovação Carismática Católica.

Patti fez parte do grupo de jovens que, em 1967, na Universidade de Duquesne, em Pittsburgo (Estados Unidos), recebeu o batismo no Espírito Santo e trouxe para a Igreja Católica a corrente de graça chamada Renovação Carismática, da qual sou integrante.

Patti Mansfield continua, mais de cinquenta anos depois, pregando a mensagem do Senhor e conduzindo mais e mais pessoas ao caminho da fé.

No dia em que nos encontramos, fomos até uma pequena capela no Aeroporto de Cumbica (em Guarulhos, São Paulo) e ela falou diversas palavras em inglês, porém o que mais me atingiu foi sua afirmação de que ela estava ali *in persona Mariae* (na pessoa de Maria, em latim) e eu, *in persona Christi* (na pessoa de Cristo).

Nós nos abraçamos e rezamos durante uma hora.

Era Deus manifesto me colocando de volta ao rumo, depois de ter experimentado a depressão na carne e na mente.

Nossa Senhora, na pessoa de Patti Mansfield, estava me abraçando, curando-me, devolvendo-me tudo o que a depressão tinha tirado de mim. Depois disso não fui mais o mesmo.

Voltei a rezar as missas diárias com o prazer que tinha em minhas primeiras celebrações. Voltei a fazer com fervor e amor minhas orações pessoais. Voltei a sentir sabor na minha rotina. Voltei a ter prazer em coisas simples. Voltei a viver plenamente.

É esse o propósito de Deus, de que todos vivam uma vida plena.

Isso não significa ser o melhor em nada, mas extrair prazer na trajetória que nos leva a ser os melhores que podemos ser.

Deus permitiu que passasse por essa fase para poder ajudar outras pessoas.

Mostrar que na depressão somos invadidos por maus pensamentos, e que a maioria dessas ideias ruins não são nossas, mas do inimigo, que as deposita em nossa mente.

O inimigo quer tirar nossa paz. Quer que enxerguemos tudo em preto e branco. Que sejamos atormentados por ideias que nos tiram o ânimo e a esperança. Até chegarmos ao estágio final, que é pensar em suicídio, começar a acreditar que a vida não vale a pena.

Perceba que é o caminho exatamente contrário ao de Deus. Oposto ao caminho da plenitude, que vem com a soma das pequenas coisas e do desfrutar de cada passo positivo dado em direção ao Senhor.

Por isso necessitamos vigiar os nossos pensamentos todos os dias e não permitir que o maligno sugira coisas para nós.

Por isso a importância de se ler diariamente a Palavra de Deus. A verdade contida na Bíblia desmascara a inverdade do inimigo.

Filhos, filhas, a vida é um eterno exercitar, uma eterna luta. Se queremos o céu, temos que deixar Deus nos moldar.

Para sermos esculpidos, desafios, dificuldades e decepções surgirão em nossa vida.

Mas não podemos desistir. É nesse momento que temos que rezar mais e entender que a oração não é algo mágico. Do tipo "rezei e instantaneamente algo acontece". Muitas vezes rezamos anos até recebermos a graça.

Ela sempre vem, pois Deus não perdeu o controle das coisas. Na hora certa, no *kairós* de Deus, tudo se resolve.

Você passa por vários desertos e às vezes se depara com um oásis. Só que nem sempre é assim. Cabe a você entender que a vida tem um valor maravilhoso. Somos pessoas amadas por Jesus, Ele morreu por mim e por você, e nossa vida tem que focar o essencial.

Hoje eu digo que a depressão me despertou para uma vida de gratidão. Agora sou grato pelas coisas rotineiras, comer um chocolate, tomar um café e, principalmente, por poder celebrar a missa a cada dia.

Não quero e não vou perder meu foco em Jesus, pois a intimidade com Deus está em se fazer cada coisa diariamente. O amanhã acontecerá amanhã e eu tenho que viver o hoje com gratidão.

Independentemente das lutas, das decepções, existe uma força maior que vem deste Tripé diário em minhas orações: Eucaristia,

Bíblia e Rosário. Uma força em que a cada novo dia Deus se revela para mim e me faz querer ter mais intimidade com Ele.

O mal viu que eu mudei. Por isso, ele me empurrou.

Oração

Senhor Jesus, eu quero te entregar a pessoa que está lendo esta oração por todos os sofrimentos que já aconteceram na vida dela, por todos os traumas, decepções, descrenças e tristezas.

Que esta pessoa possa ser batizada no Teu Espírito Santo, para que, cheia de Ti, ela possa sair desse processo de tristeza, depressão, melancolia.

Dá novamente o prazer de viver, do fazer as coisas rotineiras com amor, a alegria das coisas simples do nosso dia a dia feitas com vitalidade.

Dá nova esperança para esta pessoa, que ela possa crer em Ti.

"Aliás, sabemos que todas as coisas concorrem para o bem daqueles que amam a Deus, daqueles que são os eleitos, segundo os seus desígnios" (Rm 8,28).

Que ela creia que em tudo, Jesus, Tu tens a última palavra em nossa vida.

Vem, Espírito Santo, esvaziar o que esta pessoa possa estar carregando de mágoas, angústias, medos, decepções e no lugar coloca o Teu amor, que supera tudo, que cura tudo de quem crê em Ti.

Eu a abençoo, em nome do Pai e do Filho e do Espírito Santo.

Amém.

4
O bem que recebemos ao proteger nossa mente

◊

Entre todas as formas que o mal pode usar para tentar chegar a nós, é importante aprofundarmos o raciocínio sobre a importância de proteção de nossa mente. Com o bombardeio de mensagens que recebemos atualmente, é muito comum que você seja impactado por ideias que fogem à fé cristã e, ao se dar conta, pode ter sido influenciado a ponto de achar que aquilo que pensa teve origem em sua verdade íntima.

Mas não.

Uma palestra de um teólogo americano me fez pensar muito sobre isso. Ele dizia que muitos pensamentos que surgem em nossa mente como nossos são na verdade sugestões do inimigo.

Eu sei que é verdade, pois já passei por isso. Em meu período de depressão, tive maus pensamentos muitas vezes.

Olhando para o mundo de hoje, é fácil perceber como isso se instala.

Já vi pesquisas que dizem que todos os dias consumimos pelo menos doze horas de informação. E que lemos ou ouvimos o equivalente a cem mil palavras. Só para que você tenha ideia do que significam cem mil palavras, em uma semana daria o mesmo número de termos que os 73 livros da Bíblia.

É isso mesmo, se trocássemos tudo o que lemos ou escutamos casualmente durante uma semana pela leitura da Palavra do Senhor, em uma semana teríamos lido a Bíblia inteira.

Claro que isso nos mostra que a quantidade de informação que consumimos atualmente é sobre-humana. Nenhum ser humano foi pensado para ter essa rotina. Mas basta ver dentro de seus próprios hábitos o quanto de tempo você gasta com trocas de mensagem pelo celular ou olhando redes sociais e comparando sua vida com a dos outros e perceberá que provavelmente faz parte da média de que falamos.

Não estou dizendo para largarmos tudo e trocarmos por mensagens, leituras e conversas somente positivas. Mas que percebamos mais claramente para onde o mundo tenta nos levar e tomemos os devidos cuidados, para não nos deixarmos influenciar por alimentos mentais prejudiciais.

Sabe aquele programa de notícias sensacionalistas para o qual você dá audiência? Pare para analisar se o que você consome, pela TV, rádio ou internet, está alinhado com sua fé cristã. Se não estiver, simplesmente recuse.

Aí sim eu digo para trocar por alimento saudável para sua mente. Pois você pode pensar que são apenas alguns minutos de curiosidade, que você nunca faria e sequer aprovaria qualquer violência cometida em relação àquilo que assiste ou lê. Só que é como água em pedra dura. De tanto pingar essas informações em sua mente, acaba atingindo seu íntimo e você passa a naturalizar situações que não são normais.

Agora pense no oposto disso. Considere dedicar quinze minutos diários à leitura da Palavra do Senhor. Veja que estou falando de quinze minutos dentro de uma média de doze horas por dia de informação.

Estamos falando de um alimento para a mente e para a alma tão poderoso que, ao fim de dois meses, esses quinze minutos diários o transformarão a ponto de você se perceber outra pessoa, muito mais forte e íntegra, quando for colocar seus princípios em ação.

Também vai notar a transformação de seus pensamentos, já que quem consome besteira tende a digerir besteira mentalmente. Nós, cristãos, não podemos manter a mente em ponto morto. Temos que ser críticos. Quando virmos algo que cause estranheza, temos que raciocinar: "Isso fere minha Fé Católica? Isso vai contra os meus princípios cristãos?". Se a resposta for sim, afaste-se.

É fundamental peneirar o que entra em sua mente, os livros que lê, os filmes que assiste e quem você escuta.

No meu cotidiano e no programa na rádio escuto exemplos diariamente. Vou contar alguns.

Tenho uma amiga que trabalha em um hospital. É uma funcionária exemplar. Realiza seu trabalho com disposição, esforça-se para ser melhor a cada dia e realizar a missão que lhe foi proposta, a de aliviar o sofrimento dos doentes que ajuda a tratar.

Ela nunca foi de entrar em fofocas nem de tratar de modo diferente os colegas, independentemente da hierarquia no trabalho.

Até que algumas colegas começaram a lhe dizer que tal chefe não gostava dela. Foram investindo na fofoca até que a mensagem começou a encontrar terreno fértil.

Essa minha amiga trabalha na UTI (Unidade de Terapia Intensiva), destinada aos casos mais críticos. A patologia com que trabalha também é grave. Assim, muitas vezes ela testemunha a perda de pacientes.

Aos poucos sua força foi minando ao presenciar tantas mortes. Sua mente igualmente não estava protegida pela fé, o que a deixou ainda mais suscetível às palavras nada saudáveis das colegas.

Quando ela percebeu, estava tratando de maneira diferente essa chefe, só porque tinham lhe dito que não gostava dela.

Ela tinha quatro chefes e uma supervisora. Apenas essa chefe não recebia o tratamento profissional exemplar que ela dedicava a tudo o que fazia no hospital. Até o dia em que, confrontada pela chefe, minha amiga explodiu: "Vai pedir para outro, pois não vou com a sua cara".

Essa atitude não condizia em nada com toda a história dela.

Graças a Deus, a supervisora tinha conhecimento disso e, em vez de demiti-la, chamou-a para uma conversa honesta. Foi quando ela percebeu que se deixara influenciar gratuitamente pelo que escutava de pessoas que não lhe eram importantes.

Esse é o poder da sugestão. É a arma do inimigo.

Outro exemplo é a quantidade de casos de pessoas que nunca tiveram atitude agressiva, violenta, e que um dia, sem motivo aparente, cometem um crime hediondo e matam alguém.

São feitos testes psicológicos e nada é constatado. A psicopatia, que poderia explicar o caso, não é diagnosticada. Essas pessoas parecem que simplesmente tiveram um acesso de fúria e mataram. Só que não se trata disso.

A explosão foi depositada a conta-gotas em sua mente. Cada semente maligna que elas, sem querer, consumiam foi silenciosamente se desenvolvendo e quando elas perceberam, já tinham cometido um ato insano, que lhes marcaria a existência.

Mesma coisa acontece em inúmeros casos de suicídio. A mente torna-se vulnerável aos maus pensamentos, estes vão se infiltrando feito ervas daninhas e, quando a pessoa se dá conta, tomaram todo o seu território mental depressivo.

Ela começa a pensar que é uma fracassada, que a vida não vale a pena e passa a enxergar a situação pelo ângulo de que tudo o que faz dá errado.

Amados, garanto para vocês que, em todos os exemplos citados anteriormente, se o inimigo tentasse se infiltrar dessa forma em uma mente protegida pela fé e pelos princípios cristãos, cairia nos primeiros instantes.

Todos nós somos fracos, vez ou outra. Acertamos e erramos. Mas aqui nos referimos aos casos extremos, em que o erro, por menor que pareça, é repetido tantas vezes que se torna uma bola de neve e provoca essas avalanches.

Pense em quantos casos como esses você já se deparou.

É por isso que reforço a recomendação de manter a mente sempre em estado de vigília. Seus princípios são como seu coração, um órgão vital. Você não o trata bem sabendo disso? Ou você se dispõe a fazer qualquer coisa que coloque seu coração em risco?

Pois é assim que você deve tratar dos seus princípios baseados no Senhor.

A mensagem subliminar é outra maneira de nos mostrar isso na prática.

Você está assistindo ao seu programa favorito e uma marca começa a bombardear comerciais em todas as oportunidades.

Racionalmente, se você não precisar daquele produto, acha que está ignorando-o.

Só que se a mensagem for realmente apelativa, como em uma arma maligna, depois de um tempo, mesmo que você não precise daquele produto, acaba considerando a ideia de adquiri-lo.

O inimigo faz isso da mesma forma com os pensamentos. Ele vai fazendo investidas em sua mente e no primeiro momento de desatenção você incorpora a mensagem e passa a achar que se trata de um pensamento seu. Ou seja, se você estiver fragilizado, estará mais suscetível.

É triste perceber essas artimanhas, perceber que muitos cristãos que viviam o que Deus pedia, hoje vivem uma vida totalmente longe do Senhor porque se deixaram influenciar por um lado anticristão da sociedade.

Somos produtos de nossos investimentos. Se investirmos em coisas do céu, nossa vida será mais semelhante à de Jesus. Mas se investirmos em coisas mundanas, seremos mais semelhantes a coisas que desagradam a Deus.

Após a morte do Padre Robert DeGrandis, que por muitos anos foi meu diretor espiritual, tive a graça de conhecer Patti Mansfield, americana que ocupou seu lugar.

Por conta disso, eu estudo inglês somente para poder conversar com ela sem a necessidade de tradução.

E foi em inglês uma frase que me enviaram, dos princípios da Renovação Carismática Católica, da qual ela é uma das precursoras. Recomendo que você copie e cole em seus espelhos, para fazer uso da sabedoria diariamente: *"Listen less to your thoughts and more to God's thoughts"*. A tradução é: "Escute menos seus pensamentos e mais os pensamentos de Deus". Simplesmente isso. Resume praticamente tudo o que foi abordado neste capítulo.

Para isso, basta saber onde estão os pensamentos de Deus. Ou seja, nas Escrituras.

Aí está a chave para conservar uma mente sadia, amados.

Temos que começar pequenos, retirar quinze singelos minutos do nosso dia para lermos a Palavra de Deus, substituir os nossos pensamentos influenciados pelo mundo pelos pensamentos de Deus. Quando isso acontecer, saberemos imediatamente se o que vem à nossa mente é verdadeiro ou falso.

Ao colocar a mão em uma nota de dinheiro, uma pessoa que trabalha em banco saberá se ela é falsa ou verdadeira. Ou seja, com a prática, começa a desenvolver a percepção sobre o objeto com que trabalha.

Assim também acontece conosco.

Quanto mais trabalharmos e investirmos na leitura da Palavra de Deus, mais saberemos se um pensamento contém a verdade ou se é falso.

Pois a verdade está na Palavra do Senhor. Ao conhecê-la, nos protegemos das mentiras do mundo e do inimigo.

É justamente por isso que o inimigo, ao longo dos anos, fez de tudo para silenciar a Palavra de Deus.

Hoje, nós, padres, lutamos muito para que nossos paroquianos andem com a Bíblia, leiam a Bíblia, pratiquem a Bíblia. Porque a Palavra de Deus nos mostra o que Jesus veio nos ensinar.

Creia que quando você investir em bons pensamentos, em boas histórias, na Palavra de Deus, não haverá espaço para os pensamentos de morte, de opressão, de suicídio.

Faça a experiência.

Eu acredito na comparação de nossa mente com um campo de batalha. Pois, sim, estamos em uma guerra espiritual em nossos pensamentos.

Por isso temos que usar as armas certas para não permitir que o inimigo ganhe – e a arma certeira é a Palavra de Deus.

Oração

Senhor Jesus, eu Te peço que neste momento esvazie toda a mente desta pessoa, afaste todos os maus pensamentos, elimine todo o crochê que o inimigo fez em sua mente ao semear dúvidas, medos, ódios, tristeza, pessimismo.

Retira pela raiz todo o mal, e no lugar, Senhor Jesus, preencha com o poder do Espírito Santo. E que assim, batizada no Espírito Santo, esta pessoa se torne íntima da Palavra de Deus.

Batiza, Senhor, também esta pessoa na Palavra de Deus, porque é nessa fonte Santa e pura que todo o mau pensamento acabará. Assim, ela será preenchida por bons e frutíferos pensamentos, que provêm da Verdade.

Muito obrigado, Jesus.

Eu, como sacerdote, abençoo esta pessoa, em nome do Pai e do Filho e do Espírito Santo.

Amém.

5
Combata a inveja com gratidão

◊

Quando eu era criança, em minha casa tínhamos um aquário grande e muitos passarinhos. Uma de nossas maiores alegrias era poder cuidar dos animais e compartilhar afeto com eles. Só que fomos percebendo que uma situação era recorrente. Toda vez que acontecia algo de bom em casa, quando meu pai era promovido ou quando a família tinha alguma outra conquista, sem explicação nossos bichinhos ficavam doentes ou morriam.

Não foram poucas as vezes que diversos peixinhos morreram sem motivo aparente na mesma época em que algum negócio dava certo ou éramos vitoriosos em circunstâncias em que outras pessoas ficavam sabendo.

Minha mãe conversou com a tia Laura e ela explicou que quando isso acontecia era por causa da inveja que as pessoas sentiam do nosso suposto sucesso.

Como falei, a tia Laura era muito presente em nossa vida familiar e espiritual. Tia era um apelido carinhoso, pois ela não era irmã de sangue nem de nosso pai nem de nossa mãe. Era irmã, sim, espiritual, o que é tão importante quanto.

Retomando a temática principal deste capítulo, a inveja, fui ao dicionário para verificar o significado exato da palavra:
1. desgosto provocado pela felicidade ou prosperidade alheia;
2. desejo irrefreável de possuir ou gozar o que é de outrem.

Durante minha vida, mesmo antes de ser padre, pude comprovar que as palavras da tia Laura foram muito sábias.

Não adianta você ter sua ideia de sucesso ou do valor de uma conquista.

As outras pessoas possuem as próprias regras para medir o que acontece na vida daqueles que as cercam e vão dar o devido peso de acordo com essa avaliação.

Assim, pode ser que para você não seja tão importante conquistar uma posição melhor no trabalho, mas para os outros pode ser a meta que mais almejam alcançar, então por essa razão a sua vitória pode desencadear sentimentos ruins neles.

No caso dos meus peixes e pássaros, esses sentimentos ruins os atingiam porque os animais são puros e acabam sofrendo as consequências dos malefícios provocados por essas emoções negativas. Lembra-se do que contei no Capítulo 3 sobre as mortes repentinas de dois cachorros meus? Pois é, o inimigo tenta usar todas as armas possíveis para nos atingir. Por isso é tão importante sermos fortes na gratidão ao Senhor.

É impossível uma pessoa grata a Deus ser invejosa. Naquela época, tia Laura disse, com muita sabedoria, que o que temos de fazer é rezar por essas pessoas que se sentem infelizes por nossa prosperidade.

Não me refiro apenas à prosperidade material, mas principalmente à abundância espiritual e humana.

Quando você escolhe o caminho de Deus e segue a estrada certeira do Senhor, também passa a correr o risco de inveja, pois nem a Igreja está imune a isso.

Vale eu contar uma passagem que compartilho sempre para ilustrar que a inveja pode se instalar por qualquer motivo, basta encontrar uma fraqueza na pessoa.

É a história da serpente e do vagalume.

A serpente começou a perseguir implacavelmente o inseto que tem como característica emitir raios luminosos.

Ele se pôs a voar o mais rápido que podia, pois a serpente era muito ágil. Voou, voou, mas uma coisa não conseguia entender: o que a serpente poderia ter contra um simples inseto, que não fazia mal a ninguém e que nem serviria como alimento dela?

A perseguição continuou até que o vagalume, exausto, desistiu. Ainda teve forças para o seguinte diálogo:

"Serpente, agora que não tenho mais escapatória, permita-me fazer três perguntas antes de você me matar?", questionou o vagalume.

A serpente concordou.

"A primeira pergunta é se fiz algo contra você para que quisesse acabar comigo", disse o inseto.

"Não, você não fez nada contra mim nem nada de errado, pelo que eu saiba", respondeu a serpente.

"A segunda pergunta é se por acaso eu pertenço à sua cadeia alimentar e não sei. Para entender se meu fim servirá para saciar a sua fome."

"Não, vagalume, eu não quero te matar para devorá-lo. Você não me serve como alimento."

"Então a terceira pergunta vale por todas: se eu não fiz nada para você nem lhe sirvo como alimento, por que você quer me matar?", perguntou o vagalume.

"Simplesmente porque seu brilho me incomoda", respondeu a serpente.

Veja como essa história representa o que estamos falando neste capítulo. Não havia motivo algum para o vagalume ser penalizado, já que estava cumprindo sua função de iluminar um pouco as noites escuras. Só que a serpente é a marionete na mão do inimigo. Fazer o mal não lhe trará nenhum benefício, mas o inimigo a convence de que ela não pode evitar isso.

O inimigo tenta convencer quem está mais fraco espiritualmente que o brilho dos outros é o que os impede de brilhar. Isso é a inveja. Ela cega as pessoas a ponto de não conseguirem reconhecer os talentos recebidos de Deus.

Eu trabalho muito isso em minha vida e nas minhas orações.

Um dos diálogos constantes que tenho com Deus é: "Senhor, me ensina a sempre valorizar o que o Senhor me deu".

Essa valorização tem muito a ver com a depressão, da qual falei anteriormente.

Um psiquiatra amigo meu vai além sobre os motivos da doença. Para ele, o mal do século 21 é a inveja, pois muitas pessoas caem em depressão ou por terem sido alvos do sentimento ruim ou por elas mesmas alimentarem emoções do tipo.

Veja só, um cientista atribui muitos casos de doença ao estímulo da inveja.

Temos que entender também que muitas vezes esse sentimento é involuntário. Acredito que na maioria dos casos o surgimento da inveja não partiu da própria pessoa, mas encontrou terreno fértil para brotar e crescer, como a erva daninha que é.

Quando digo isso, muitos imediatamente associam as redes sociais a esse terreno fértil para a inveja. Quero deixar claro que não tenho nada contra elas nem contra a tecnologia. Pelo contrário, são ferramentas que uso bastante para me conectar com fiéis e que auxiliam muito o meu ministério.

Só que essa mesma tecnologia, quando mal usada, transforma-se em uma poderosa arma para a proliferação da inveja.

Neste novo milênio, milhões de estudos já foram feitos sobre os perigos do uso tóxico das mídias sociais e digitais. Foi comprovado que muitos jovens tornam-se viciados nas redes porque, quando recebem alguma curtida ou like, isso dispara uma reação química no cérebro comparada à de uma droga de satisfação momentânea.

Então, nessa busca incessante de satisfação imediata, o que muitos fazem? Vão produzir conteúdos que os aproximem dos likes, que são uma suposta admiração. Eu coloquei "suposta admiração" pois o que na verdade recebem em troca é, na maioria das vezes, justamente o contrário: o ressentimento disfarçado de "curtida".

Nessa conta, a inveja prolifera. Um acaba enganando o outro. A pessoa posta uma foto ou uma mensagem ou uma frase para aparentar ser aquilo que deseja. Só que o próprio termo "aparentar" vem de aparência. Ou seja, uma ilusão da verdade.

Junto a esse fingimento, o ego estimula as publicações nas redes sociais em busca de ostentação. A soma de aparência com ostentação não pode ter um resultado positivo.

Por isso digo que usar meios digitais ou qualquer forma de comunicação com esse objetivo é uma receita para o desastre.

Isso reflete na sociedade. Repare no número de academias de ginástica que abrem em sua cidade. E é cada vez mais comum esses espaços funcionarem vinte e quatro horas por dia e sete dias por semana. Os empresários perceberam que todo mundo quer ficar "fitness", para postar seus treinos ou expor a imagem de seus corpos "sarados". Isso quando essas pessoas não vão além da aparência física e sentem a necessidade de compartilhar o que vestem, seus aparelhos tecnológicos, as grifes que as representam, os carros que dirigem e os lugares que frequentam.

Chegamos ao ponto em que até a intimidade, como o amor entre casais, tem a obrigação de ser exposta nas redes, isto é, declarações de amor, fotos, presentes.

No fim das contas, o que acontece é que se essa ostentação toda é simplesmente de fachada, a pessoa seguirá triste do mesmo jeito e de nada terão valido esses esforços. E mesmo que a exposição seja genuína, com certeza vai provocar inveja em "amigos" de suas redes sociais.

No ambiente de trabalho também é muito comum surgirem situações desse tipo. Lembram-se do caso da minha amiga que trabalha em UTI e que é uma funcionária exemplar? Então, por que você acha que começaram aquelas fofocas para colocá-la contra uma de suas chefes? E o inimigo aproveitou justamente o momento de fraqueza dela, do cansaço que acomete quem batalha muito.

Em nossa sociedade, a competição no meio corporativo é bastante agressiva. As empresas sempre querem resultados mais rápidos e melhores, amparadas pelo desenvolvimento tecnológico e pela agilidade que este propicia. Os funcionários mais habilidosos e ágeis costumam se sobressair. Ou, então, os que trabalham com afinco alcançam mais conquistas.

Nesse ambiente, muitas pessoas não reconhecem ou não se importam com os méritos dos outros. Não admitem que qualquer outra pessoa suba por mérito de seu dom ou habilidade, então procuram identificar possíveis fraquezas, defeitos, e usam a fofoca, falam mal pelas costas, puxam o tapete, justamente por invejar a vitória alheia.

É muita energia desperdiçada em negatividade.

O pior é que a inveja é uma emoção tão prejudicial que traz coisas ruins tanto para quem a sente como para quem é objeto dela. Nada de bom pode ser tirado desse sentimento, por isso é tão importante combatê-lo.

Pense que ao combater a inveja você também estará fazendo um bem para aquele que a manifesta, já que ao perder a força ela para de consumir quem a sente.

Sem contar que é uma emoção que pode vir disfarçada de várias maneiras e enganar até o próprio invejoso.

O sentimento pode ser disfarçado em ironia, que acontece quando a pessoa expressa a inveja fazendo piadas irônicas que só servem para rebaixar o responsável pela sensação.

Ou, então, pode ser uma espécie de defesa para aqueles que nem percebem que a possuem e acham que são simplesmente pessimistas. Acontece também com as pessoas que sempre te colocam para baixo, que sempre enxergam o lado possivelmente ruim quando ficam sabendo de uma decisão sua que empolga outras pessoas.

Quando você percebe que uma pessoa faz de tudo para competir com você, repare se isso também não é sinal de inveja. Sabe quando você comenta algo, por exemplo, uma viagem que fará ou pretende fazer, e seu conhecido fala de uma viagem ainda mais incrível que supostamente está planejando? Ou quando você muda o penteado, começa a usar um relógio novo e essa pessoa, "coincidentemente", faz o mesmo. Provavelmente é um invejoso e nem sabe disso. Ou até sabe e é dissimulado a ponto de calcular tudo com frieza.

Independentemente de como se manifestar, precisamos interromper esse círculo vicioso em todos os ambientes.

O maior impulso para a vitória sobre a emoção da inveja e para nos afastarmos desse sentimento é a lembrança do modo maravilhoso como Deus nos criou.

O Senhor nos fez à Sua imagem e semelhança não para nos tornar famosos ou populares. Ele nos fez assim justamente pelo contrário, para que, independentemente do lugar ou posição que ocupemos, nós sirvamos aos outros e, de modo principal a Deus, pois é isso que nos aproxima da santidade.

Você acha que faz alguma diferença aos olhos de Deus o que você veste, o modelo de celular que usa ou quantos seguidores você tem nas redes sociais e em quão popular isso tudo lhe transforma?

Esses são todos caminhos concebidos pelos seres humanos para esconder suas mágoas, para esconder o sentimento de incapacidade de realizar alguma coisa. E por isso passam a invejar quem realiza.

O recado do Senhor, mais uma vez, é de que não importa se você realizou algo que é objeto de desejo humano, pois lembre-se de que Ele não lhe fez para você ser o melhor em alguma coisa, e sim um melhor ser humano para servir aos outros diante da obra divina.

Pense no conceito de profissão. A escolha de seu caminho significa que você se dispôs a se tornar instrumento de Deus para os outros, seja como médico, professor, empregado doméstico, músico ou qualquer serviço que lhe couber.

O professor que ensina com amor, muitas vezes com poucos recursos, não sendo devidamente valorizado e mesmo assim insistindo em dar o seu melhor, está se santificando. O mesmo acontece com o mecânico que vai consertar um carro ou com o engenheiro que constrói um prédio. Dessa forma, esses profissionais deixam Deus atuar nos desafios que lhes são apresentados.

Isso acontece comigo também, no ministério sacerdotal: eu me santifico em meu trabalho diário, quando muitas vezes encontro provações e dificuldades. O que me leva em frente sempre é encarar tudo como via de santificação.

Só que, na igreja, acontecem situações como as que já relatei. Também nela a inveja é comum, afinal somos todos humanos em busca de santificação da mesma maneira. Como seres humanos, temos nossas fraquezas.

No caso da igreja, é muito comum as pessoas quererem (invejarem) o dom do outro. Só que, como diz a Bíblia, ninguém é mais importante aos olhos de Deus.

A mão não pode reivindicar maior importância do que o pé, nem o nariz do que o olho. Somos todos parte de um mesmo organismo e é fundamental nos darmos conta disso para vivermos em um ambiente saudável. É importante que o olho, o nariz, os pés e as mãos estejam igualmente saudáveis para que todo o organismo esteja bem.

Assim, até na igreja é importante reforçar a mensagem de que todos têm sua função, de que todos servem. Ao percebermos que servimos para um objetivo maior, imediatamente entendemos que a felicidade vem de sermos servos e servas de Deus.

Alcançando esse entendimento, constatamos que nossas diferenças não nos afastam nem nos tornam mais fracos, e sim servem para nos unir. Lá em casa sempre vivemos isso.

Quando pequeno, meu hobby era astronomia. Passava horas construindo lunetas caseiras, inventando maneiras de enxergar melhor as estrelas e constelações. Até que meu pai teve condição de me comprar um telescópio. Aí sim eu passava ainda mais tempo observando as estrelas e tentando enxergar fenômenos no céu.

Já a minha irmã do meio, Mônica, gostava de trabalhos manuais. Ela fazia tricô, montava abajures. Até hoje ela mantém essas habilidades, com base nesses hobbies, produzindo *scrapbooks*.

A nossa irmã mais nova, a Marta, sempre foi do universo dos livros. Tanto que suas opiniões são as que mais ouço quando escrevo livros como este.

Crescemos juntos, mas desde pequenos nossos pais nos fizeram entender que éramos, sim, diferentes e que justamente isso nos tornava ainda mais fortes quando nos uníamos. Então, desde sempre respeitamos os gostos um do outro e torcemos pelo sucesso um do outro como se fosse nosso próprio. E no fundo realmente é, já que somos uma mesma família e fortificados quando temos propósitos positivos.

O que acontece muito atualmente é que, no outro espectro, formamos uma geração insatisfeita. Sobretudo com nossas próprias conquistas, sempre que as enxergamos com as lentes da comparação.

Uma pessoa compra um celular novo e fica feliz. Não é errado uma pessoa sentir-se feliz ao adquirir algo que queria. Pelo contrário, é saudável, pois a vida também é feita de pequenas coisas, como realizar desejos que envolvam bens materiais. O errado é você deixar de ser feliz ao ver que um colega, conhecido ou amigo adquiriu um modelo de celular tecnologicamente mais avançado do que o seu. Você deixa de valorizar o que tem e passa a viver em função da comparação. Não importa nem se o que o torna "melhor" é inútil para você. O que importa é ter status. Do status vem a ostentação e, quando você vê, o círculo negativo formou-se novamente.

E mais: sua filosofia de vida começa a basear-se na ideia de que sucesso é possuir coisas. Eu garanto que não é. Por isso, não perca a essência do que realmente importa.

Amados, sucesso de verdade é você ter pessoas que ama e pelas quais é amado, pessoas que lhe querem bem, que torcem por você, que rezam por você, pessoas que te levantam.

Sucesso é você ter caráter, é falar a verdade, é viver na honestidade, é ser simples e ter prazer nas pequenas coisas, como dormir com a consciência limpa.

Sucesso é ter Deus no coração, é viver uma vida de intimidade com Jesus, que sabe que tudo o que vivemos aqui é passageiro. Por isso temos que plantar o bem.

Se vivermos com esse entendimento, conseguiremos nos afastar da inveja. Tanto a inveja que poderíamos sentir como a que poderíamos despertar.

É por isso que falo com segurança que o antídoto contra a inveja é a gratidão. Pense em alguém que você conhece e que é realmente grato. Verá que não é uma pessoa invejosa, pois os dois sentimentos não se manifestam juntos de maneira alguma.

Uma pessoa grata não é a que possui tudo o que quer. A gratidão está em, na consciência de não possuir tudo o que gostaria, ter o entendimento de que se alguns sonhos não se realizaram é porque não faziam parte do plano de Deus. Cremos que, no *kairós* do Senhor, no tempo divino, tudo acontece para o nosso melhor.

Gratidão é ter consciência de que felicidade não se compra, mas se conquista.

Gratidão é ter consciência de que temos tudo para nos fazer felizes e que não somos desamparados em momento algum, na certeza de que Deus É por nós.

Quando alguém vem falar mal de outra ou fazer fofoca para alguma pessoa que é grata, esta logo o corta, pois não se deixa envenenar pela inveja dos outros.

A gratidão é um dom divino que precisa ser regado em nosso coração diariamente. Dessa forma, a inveja nunca nos picará. E se por acaso sofrermos inveja de outros, o Sangue de Jesus, pela nossa vida de oração e intimidade com Deus, nos protegerá.

Uma imensa proteção ensinada pela tia Laura era a de rezar muito para as pessoas contaminadas pela inveja. Estamos tratando de um sentimento real, por isso não temos que ter medo. Temos, sim, que rezar muito e abençoar essas pessoas, para que se tornem gratas pelo que receberam de Deus.

Diversos amigos que passavam por períodos de conquista em suas vidas profissionais relataram que seus cachorrinhos ou gatinhos caíram doentes. Por isso recomendo que reze ou abençoe quem tem sentimentos ruins por você.

Agindo assim, você perceberá que possui vários dons, que podem estar encobertos por sensações não saudáveis. Quando começar a cultivá-los, notará que o outro nunca é a sua medida, que nunca devemos nos comparar aos que nos cercam.

Os únicos em que temos que nos espelhar são Jesus e a Virgem Maria.

Durante esses vinte e cinco anos como padre até agora, convivi na Renovação Carismática Católica com muitos padres que admiro muito e que são referências para mim. Mas nunca quis imitá-los, porque sabia que Deus me deu dons diferentes.

Eu olhava e olho para esses meus irmãos e desfruto de seus dons para meu crescimento, mas não deixo a inveja ou o querer ser igual me picar. Entendo que eles possuem os próprios dons, porque sei que Deus me fez com um propósito. E só eu posso realizar o propósito para o qual Deus me fez.

Assim é com você, amado.

Você tem um propósito, ninguém mais pode fazer o que só você foi feito para realizar, porque você é único.

Nem mesmo se tiver um irmão gêmeo os propósitos serão iguais. Cada um terá seus dons e sua maneira de ser.

Então, não perca tempo querendo ser o que não é.

Enxergue seus dons, aprenda com a Palavra de Deus, que é a verdade e nos ensina quem somos de fato. Permita que se realize o propósito que Deus sonhou para você.

Como vimos e percebemos no nosso cotidiano, o mundo tenta transformar cada vez mais as pessoas em seres diferentes do que realmente são. Só que esse novo eu não é verdadeiro.

Somente na leitura da Palavra de Deus e na intimidade com Jesus conhecemos nosso verdadeiro eu. Não existe outro caminho para se descobrir o propósito com que o Senhor o fez – somente Ele sabe. Assim, é na intimidade com Ele que descobriremos.

A inveja só causa estragos, é um mal terrível. Não permita que ela tenha lugar em sua vida.

E se você está sendo invejado, reze, abençoe, e saiba que Deus nos protege sempre.

Oração

Levanta-Se,
    Deus, intercedendo a bem-aventurada Virgem Maria.

Que caiam todos os Seus inimigos e todo o tipo de inveja em nossa vida.

Que possamos estar protegidos pelo Sangue de Jesus, guardados nas santas chagas de Cristo e que nada de mal possa vir contra nós, nossos animais e família.

Que o manto de Nossa Senhora nos proteja de todas as setas envenenadas de nossos inimigos espirituais e carnais.

E que um dia estejamos contigo no céu, Jesus.

Amém.

6
Seja como Jesus

◊

O título deste capítulo é proposital, para que você questione: "Padre, como uma pessoa como eu pode almejar ser como Jesus?". Saiba que eu entendi isso desde cedo, coloquei em prática e foi uma das melhores lições que poderia ter aprendido na época, já que tudo o que resultou dessa decisão só fez bem a todos que se encontram ao meu redor.

No fim deste capítulo, você entenderá que é possível ser como Jesus. E mais: que a simples disposição já é capaz de operar maravilhas ao seu redor, assim como aconteceu comigo.

Aprendi essa lição ainda adolescente.

Minha mãe, minha irmã Marta e eu visitávamos semanalmente uma livraria religiosa ao lado da estação Santana do metrô, em São Paulo. A livraria era protestante, enquanto minha família é formada na Renovação Carismática Católica, mas isso nunca foi problema para nós. Pelo contrário, como vou explicar mais adiante.

Digo que era uma livraria de vertente cristã diferente para ilustrar que quando eu era mais novo não existia a extensa literatura católica que encontramos atualmente. Então encontrávamos ensinamentos sobre a intimidade com Jesus e com o Espírito Santo muitas vezes nas obras de nossos irmãos protestantes.

Em uma dessas visitas, um livro me chamou muito atenção logo pelo título: *Em seus passos o que faria Jesus?*.

O título é provocativo e já diz muito sobre essa proposta que lhe faço, pois "ser como Jesus" nada mais é do que fazer "o que ele faria se estivesse no seu lugar".

No livro, o autor resumia que o princípio de ser cristão é ser Outro Cristo no mundo. É ser uma pessoa em sintonia com o que o Senhor nos ensinou e agir de acordo com a Sua consciência.

Dali em diante aprendi da maneira mais simples, por meio de uma pergunta, como deveria me comportar em qualquer situação. Bastava considerar como Jesus reagiria a determinada circunstância se estivesse em meu lugar. Ou o que Ele escreveria se tivesse a caneta para redigir este livro, por exemplo.

É tão simples. Significa quase sempre viver de acordo com a simplicidade, que é a base da Palavra do Senhor.

E isso inclui também o diálogo, por isso a importância de escutarmos sempre nossos irmãos, independentemente da fé que professam.

Ter adquirido esse conhecimento em uma livraria de literatura predominantemente protestante não nos afastou de nossas crenças. Seguimos da mesma forma firmes em nossa identidade católica, porque sempre soubemos a importância da Eucaristia e do lugar de Nossa Senhora em nossa vida.

É por isso que, sempre que tenho a oportunidade, faço questão de reforçar que as duas coisas mais perigosas em relação à religião são ideologia e fanatismo.

Ambas são muralhas que impedem ou tentam ao máximo impedir o que nos torna irmãos: o diálogo.

Nós sempre precisamos criar pontes e não construir muralhas. Atualmente ainda mais, já que a proliferação de informação parece estar servindo muito mais para separar do que para unir os seres humanos.

Hoje, o mais comum é as pessoas buscarem abrigo em grupos que pensam exatamente como elas e abandonarem uma das práticas mais saudáveis que existem, que é a de escutar as diferenças.

Só que ao agir assim estamos oferecendo combustível para o preconceito em atribuir determinada crença a um grupo de pessoas. Sabe o que é isso? A ideologia que, na religião, constrói as muralhas às quais me referi.

Isso me impede de agir como o próprio Cristo, pois cada vez que consigo enxergar o Senhor no meu irmão, pelo olhar da misericórdia, estarei fazendo o que Ele faria no meu lugar.

São as bolhas de pensamento que têm separado as pessoas pelas mais diversas razões. Se você não votou no mesmo político que o outro, então você não serve para dialogar. Ou se torcem para times de futebol diferentes, a mesma coisa.

Perdemos muito tempo com situações que não valem a pena.

O que Jesus quis dizer ao ensinar que devemos amar os nossos inimigos é justamente que devemos ter diálogo.

Quando Ele nos diz para oferecer a outra face ao tapa, o significado é o mesmo.

Só que muitas vezes, em vez de tomarmos esse caminho racional, nos desviamos ainda mais da Palavra do Senhor e reforçamos nossa posição ideológica, aumentamos o suposto muro que nunca existiu no plano do Senhor e passamos a lidar com o fanatismo.

Esse muro que criamos em nossa mente, que eu estou chamando de ideologia, parece intransponível. Todos aqueles que estão do lado de lá do muro são, para nós, indignos aos olhos de Deus.

Por isso eu repito: amai a todos sem discriminação.

Essa é a mensagem que Jesus nos ensinou e é a maneira que Ele agiria se estivesse em nosso lugar.

Faz pouco tempo, estava viajando de carro de São Paulo para Londrina, no Paraná. Nosso carro foi parado pela Polícia Rodoviária e duas oficiais me abordaram. Ao me reconhecer, uma delas falou o seguinte, antes de fazer qualquer pergunta:

"Eu sou da igreja tal (*realmente não recordo a denominação*)."

"Que bom. Que Deus abençoe você", respondi com sinceridade.

"Está vendo? Também sou filha de Deus", disse olhando para a colega.

Esse é um exemplo de diálogo. Mas também é uma amostra de que, mesmo tendo a fé compartilhada em Jesus Cristo, nos colocamos em posição defensiva diante de nossos irmãos em situação cada vez mais comum de nos afastarmos em vez de nos aproximarmos.

Digo isso não me referindo apenas ao nosso relacionamento com os demais cristãos, mas também com os que professam outra crença religiosa. Vale para nossos amigos islâmicos ou judeus, assim como prega o Papa Francisco.

Esse diálogo não existirá se não houver amor. O que nos leva mais uma vez ao título deste capítulo: seja como Jesus e tenha sempre amor a oferecer.

Vê como é simples?

É o modo mais saudável de lutarmos para que a sociedade não entre de vez nesse modo frenético de competição, de exigência de resultados, de mais ganhos financeiros e mais e mais e mais.

Se concordarmos com essa dinâmica, nosso destino sempre será brigar pelo destaque, sendo que a matemática de Deus é exatamente a oposta a isso.

O Senhor falou: "Os últimos serão os primeiros". E essa frase basta para mostrar que diante dos olhos do Senhor não faz diferença alguma se você for O cara, se você for A pessoa que mais se destaca em uma atividade. Diante dos olhos do Senhor, a satisfação está em você ser melhor a cada dia, e não melhor do que seus irmãos.

É mais uma simples lição de vida a sugerir que não existe importância em se destacar dentro de um grupo, pois a cada ser humano Deus entregou uma missão única e especial.

Tudo o que Ele espera de você, amado, é que cumpra seu propósito de vida. Talvez nesse ponto você me pergunte como descobrir o que Deus espera de você.

Novamente recorro às Escrituras. Toda missão está depositada na Palavra do Senhor. Nela, você entende a teoria de seu propósito, que será colocada em prática à medida que a pergunta "O que Jesus faria se estivesse no meu lugar?" torna-se uma constante em sua vida.

Bíblia e oração, Bíblia e oração. O resultado você enxerga rapidamente na prática.

É simples, mas não é exatamente fácil, até porque o inimigo está sempre a postos para tentar nos desviar de nosso caminho.

No meu caso, cheguei a sofrer a ilusão de que meu caminho estava de certo modo completo – falei sobre isso no capítulo em que narro minha depressão.

Depois de gravar CDs, usar a rádio, fazer filmes, escrever livros, celebrar missas pelo Brasil inteiro e em outros países, minha mente começou a tentar me convencer de que já havia realizado tudo e que isso significava o fim do meu trabalho como sacerdote.

Foi quando as peças não se encaixaram mais. Eu havia acabado de ganhar o título de "Evangelizador do Novo Milênio", do Papa Bento XVI, olhava para o prêmio e uma voz tentava me dizer lá no fundo que havia chegado ao cume e ao fim de minha missão ao mesmo tempo.

Só que não era de maneira consciente. Era uma mensagem dissimulada, que confundia aquilo que deveria me levar adiante, e não me sugerir a parada. O resultado foi a depressão, que no meu caso significou a perda de foco.

Quando a fumaça se dissipou diante de meus olhos, Deus me relembrou que é Ele quem realiza tudo, pelas palavras de São Paulo, em sua Carta aos Filipenses:

"Não pretendo dizer que já alcancei (esta meta) e que cheguei à perfeição. Não. Mas eu me empenho em conquistá-la, uma vez que também eu fui conquistado por Jesus Cristo. Consciente de não tê-la ainda conquistado, só procuro isto: prescindindo do passado e atirando-me ao

que resta para a frente, persigo o alvo, rumo ao prêmio celeste, ao qual Deus nos chama, em Jesus Cristo. Nós, mais aperfeiçoados que somos, ponhamos nisso o nosso afeto; e se tendes outro sentir, sobre isto Deus vos há de esclarecer. Contudo, seja qual for o grau a que chegamos, o que importa é prosseguir decididamente" (Fp 3,12-16).

No meu caso, a mensagem do Senhor em Sua Palavra não poderia estar mais clara. Deus praticamente falava em voz alta em minhas orelhas que só Ele conhece nosso caminho, propósito, missão e o que espera de nós.

Peço que leia com atenção o trecho acima escrito por São Paulo e que releia por três vezes para que guarde a mensagem no coração e utilize-a toda vez que desanimar e achar que sua missão está completa no mundo.

Amado, espero que entenda que quanto mais aprendemos mais percebemos que somos ignorantes diante da infinidade de conhecimentos do mundo. Assim como percebi que quanto mais perto chego de Deus, mais Ele me mostra que preciso Dele.

Pois eu não sei nada sobre o Senhor e preciso aprender todos os dias de minha vida mais de Sua infinitude.

O mundo insiste em nos ensinar coisas erradas. Quer nos mostrar que, por conta de a pessoa ser *expert* em determinado assunto, ela está pronta ou mais preparada do que o restante da humanidade.

Só que nós nunca estaremos prontos nesta Terra. Nossa jornada só se encerrará quando chegarmos ao céu. Por isso, até lá, temos sempre que agir como Cristo faria em nosso lugar.

Enquanto o mundo insiste em nos dizer que sabemos tudo, Deus nos prova que somos eternos aprendizes.

Sabe quantas vezes já li a Palavra de Deus? Você se surpreenderia se soubesse. Mas surpresa maior é saber que a cada leitura eu aprendo algo novo que não tinha percebido ou assimilado.

Até nas situações mais rotineiras.

Convivo com meus pais há mais de cinquenta anos e, a cada vez que penso conhecê-los muito bem, eles me ensinam algo novo e mostram que temos que nos espelhar nas criancinhas que um dia fomos.

As crianças não têm medo de aprender. Elas nunca estão fechadas a aprender algo novo. Justamente por isso, Jesus disse que só entrará no céu quem for como as criancinhas, com pureza de alma e sem prepotência.

Assim como foi Ele mesmo!

Seja como Ele!

Seja como Paulo, que esquece o próprio passado, os martírios que passou e encara todos os novos dias com olhar de criança, ávido para aprender com o outro e realizar seu propósito na Terra até o encontro com o Senhor.

Deus faz novas todas as coisas.

Esqueça que você já leu a Bíblia e leia-a novamente. Verá quanta coisa nova e boa terá aprendido com o olhar desprovido de orgulho.

Continue assim até a sua morte.

Não encare a vida como um profissional que acha que sabe tudo. Aborde-a como um simples estudante que quer aprender mais, que sente a necessidade de fazer melhor do que ontem, que precisa se encantar com o que está aprendendo.

Deus quer que hoje sejamos pessoas melhores do que ontem. Só que isso só é possível a quem se esvaziar de si mesmo e permitir se preencher por Deus.

Seja como Jesus e dispa-se de todo orgulho que possa haver dentro de você. Dispa-se de toda autossuficiência e esteja aberto a aprender algo que o tornará melhor para o outro.

Repito: você não foi colocado nesta Terra para ter um cargo X em alguma empresa, para ter uma conta bancária gigante, para acumular toda riqueza que conseguir.

Você foi colocado nesta Terra para fazer a diferença na vida de alguém, nem que seja do seu marido, dos seus filhos, dos seus pais, dos seus alunos, dos seus pacientes. Você foi feito para ser instrumento de Deus, para fazer o bem para o outro.

O mundo até pode tentar iludi-lo, afirmando que o segredo da felicidade é estar na moda, aparecer na revista X ou Y, ganhar notoriedade, mas isso não tem nada a acrescentar ao sucesso verdadeiro.

Sucesso verdadeiro é deixar para seus filhos um exemplo de honestidade, de trabalho limpo, de ensinamentos simples, que permita que eles enxerguem em você algo diferente. Que faça com que eles vejam que você seguiu o que Deus nos ensinou e, quando foi preciso, nos momentos que realmente importavam, foi como Cristo.

Sucesso é plantar a fé no coração dos seus para que eles sejam pessoas melhores para eles mesmos e para os outros. Para que sejam pessoas que deixam rastros de bem.

Não importa se você é anônimo para o mundo. O que importa é fazer a diferença na vida dos que o cercam.

No julgamento final conheceremos a vida de todos e vocês vão se surpreender ao ver quantos anônimos povoam o céu. Na simplicidade do dia a dia, essas pessoas deixaram rastros de paz, amor, bondade e altruísmo. E é tudo o que Deus espera dos Seus.

Por isso, amado, é preciso acordar. Já chegou a hora. Nós não sabemos qual será o dia do nosso primeiro julgamento diante de Deus.

Se você for capaz de tocar o coração de uma única pessoa que seja, amado, valeu a pena você ter vivido. Por isso, ninguém pode fazer o que você nasceu para fazer.

Mire-se no exemplo de Jesus mais uma vez, que sofreu para você poder fazer a diferença onde quer que esteja.

Peço mais uma vez para você pensar, refletir e ver o que você pode fazer para ser como Jesus, por uma sociedade melhor, por uma comunidade melhor, por uma família melhor.

Abra as portas ao novo como eu abri.

Houve um tempo em que achei que já tinha feito todo o possível para Deus. Só que depois da depressão, e mais especificamente após o empurrão, percebi que não havia chegado nem a 1% do que Jesus espera de mim.

Eu simplesmente tinha perdido o foco. Mas, graças a Deus, ele voltou.

Com essa nova visão, percebo o quanto tenho a fazer e aprender. E digo: "Vem, Espírito Santo, fazer este novo em mim. Eu quero ser um padre melhor do que ontem. Eu quero ser usado por Ti, para fazer a diferença na vida das pessoas que cruzarem o meu caminho. Usa-me".

Oração

Senhor Jesus, perdão por ter perdido o foco, por achar, na minha altivez, que já tinha feito tudo por Ti.

Perdão, Jesus, por isso.

Perdão, Jesus, por ter perdido o foco, deixando-me ser contaminado pela mentalidade do mundo.

Graças a Deus, pelo poder do Espírito Santo, o Senhor está me acordando para que eu viva como um eterno aprendiz, alguém que tem muito a aprender, e o Senhor vai me ensinar.

Obrigado por fazer de cada missa uma nova missa, de cada comunhão, uma nova comunhão de amor contigo.

Agradeço por cada novo estudo, por cada nova leitura das Escrituras – são coisas novas a serem aprendidas e lidas.

Agradeço por fazer de cada Rosário um novo Rosário a ser rezado e um novo encontro contigo.

Não permita que eu caia no marasmo, não permita que eu caia na mesmice, porque quem tem Jesus vive a rotina diária com um olhar sempre novo.

Podemos fazer sempre as mesmas atividades, mas aprendemos sempre algo novo com elas.

Que eu possa ser melhor do que ontem, que eu possa servir mais, amar mais, perdoar mais, deixar o Senhor ser em mim.

Mais de Ti, Jesus, e menos de mim.

Esvazia-me de mim e preenche-Me do Teu Santo Espírito.

Obrigado, meu Deus.

Eu te amo, Jesus.

Fique comigo, Senhor.

Em nome do Pai, do Filho e do Espírito Santo.

Amém.

7
Volte ao primeiro amor

◊

Até agora, amado, usei muitos exemplos pessoais das lições que o empurrão me trouxe para mostrar que uma vez que sua mente está desperta e direcionada para o bem, o inimigo não poderá lhe causar mal nem enfraquecê-lo. Com o título deste capítulo, "Volte ao primeiro amor", quero compartilhar uma lição importante que Deus me ensinou e que o ataque naquele palco apenas reforçou.

Recordo uma passagem das Escrituras, do livro do Apocalipse de São João, com a qual o Senhor me falou:

"Ao anjo da igreja de Éfeso, escreve: Eis o que diz aquele que segura as sete estrelas na sua mão direita, aquele que anda pelo meio dos sete candelabros de ouro. Conheço tuas obras, teu trabalho e tua paciência: não podes suportar os maus, puseste à prova os que se dizem apóstolos e não o são e os achaste mentirosos. Tens perseverança, sofreste pelo meu nome e não desanimaste. Mas tenho contra ti que arrefeceste o teu primeiro amor" (Ap 2,1-4).

Releia a última frase, com outras palavras: "Mas tenho contra ti que arrefeceste o teu primeiro amor".

Na Palavra do Senhor está a explicação do que quero dizer quando peço a sua volta ao primeiro amor, ao momento em que você se apaixonou por Deus, por Cristo, e percebeu que todo o restante era supérfluo.

Deus está sempre de braços abertos para acolhê-lo e fortalecê-lo como na primeira vez, quando a você foi revelado o amor por Ele.

A colocação sobre tudo ser supérfluo não é uma frase de efeito. É real.

Há três simples práticas que o colocam na rota de Deus, no caminho que o leva sempre à verdade que o primeiro amor lhe trouxe.

Digo isso porque o inimigo é real e tenta nos desviar do foco principal como cristãos.

Hoje em dia, nem precisava lhe dizer, mas a quantidade de situações e passatempos a nos desviar a atenção é enorme. No fim, são isso mesmo, passatempos.

Perdemos tempo demais com coisas que não valem a pena, que não levarão ao encontro com Deus e que só nos farão desperdiçar energia com questões supérfluas.

No dia a dia, buscamos inspiração em outras pessoas. Os médicos admiram outros médicos e começam a buscar conhecimento nestes, por exemplo. Isso é válido, desde que se busque o conhecimento para que se possa corresponder melhor ao chamado divino, que é o de fazer a diferença na vida das outras pessoas.

Fazer a diferença na vida de outras pessoas não é ser o melhor profissional na sua área, com muitos títulos ou prêmios ou seguidores nas redes sociais ou qualquer critério de valor que apareça e que só diz respeito ao ego.

Fazer a diferença na vida das pessoas é usar a sua missão para que a existência do outro, ou dos outros, seja melhor. Essa é a maior satisfação que se pode ter.

Nós só alcançamos essa realização plena quando seguimos a bússola de Deus.

Só que o mundo está com milhões de placas para nos confundir. Você dobra uma esquina e lá está uma sinalização dizendo que você será feliz se usar o produto X. Liga a TV e vê outra placa afirmando que sua felicidade depende de você assistir àquele programa no celular Y. Aí você pega o celular e ele recomenda que você siga o perfil de fulano em uma rede social...

Passatempos, passatempos.

E digo mais: eles são muito perigosos, pois bombardeiam as pessoas até que elas se convençam realmente de que a felicidade está nesses supérfluos, como se Deus se escondesse atrás de uma grife ou de uma postagem de rede social.

Por isso, repito o título deste capítulo: volte ao primeiro amor. Volte ao momento em que se apaixonou por Deus e sinta o que é realmente a verdade.

Naquele momento, todos nós, cristãos, sentimos o que é realmente essencial. Nós apagamos todas as distrações, entretenimentos, afazeres, títulos, posses, e enxergamos, sem filtro, o que Deus nos ensinou em sua simplicidade, em três básicas lições.

A primeira lição é de que a verdade está na Palavra de Deus e apenas lá.

O Evangelho de São João resume isso em duas frases:

"Santifica-os pela verdade. A tua palavra é a verdade" (Jo 17,17).

Logo, a verdade não está em lugar algum a não ser na Palavra do Senhor.

João vai além e diz que a verdade nos libertará.

Assim como Jesus afirmou.

É preciso dizer mais do que isso para que saiba onde está o que é verdadeiramente importante na vida?

Séculos podem passar, modismos vêm e acabam, mas a verdade é imutável. Ela está além das amarras do tempo e muitíssimo além das futilidades do mundo. O que Deus disse ser pecado, sempre será pecado. O que Deus disse que é para ser feito, sempre deverá ser feito. O que Deus afirma que não é para ser feito, é proibido.

Lembrem-se de quando propus que colocassem Jesus em seu próprio lugar para considerar o que Ele faria em determinada situação. Pois Ele seguiria a verdade.

Independentemente do estilo de vida, das filosofias aplicadas, os valores de Deus são eternos, são baseados naquilo que salva os seres humanos e não em satisfações temporárias ou, pior, no ego.

Ele falou a verdade, deixou registrada a verdade justamente para que nós a sigamos e encontremos nela o princípio que nos torna diferentes – que nossas ações sirvam para fazer a diferença, para melhor, na vida daqueles que nos cercam.

A Palavra de Deus não é ficção. A Palavra de Deus é fonte de salvação. Se um dia você quiser viver eternamente com o Senhor, no paraíso, tem que conhecê-la, porque só vivemos aquilo que conhecemos.

Neste ponto, chegamos à segunda lição de Deus para que sempre retornemos a Ele e não nos desviemos do caminho: o Senhor enviou Jesus para servir, e não para ser servido.

Assim está escrito na Palavra do Senhor:

"Aproximaram-se de Jesus Tiago e João, filhos de Zebedeu, e disseram-lhe: 'Mestre, queremos que nos concedas tudo o que te pedirmos'. 'Que quereis que vos faça?' 'Concede-nos que nos sentemos na tua glória, um à tua direita e outro à tua esquerda.' 'Não sabeis o que pedis', retorquiu Jesus. 'Podeis vós beber o cálice que eu vou beber, ou ser batizados no batismo em que eu vou ser batizado?' 'Podemos', asseguraram eles. Jesus prosseguiu: 'Vós bebereis o cálice que eu devo beber e sereis batizados no batismo em que eu devo ser batizado. Mas, quanto a assentardes à minha direita ou à minha esquerda, isto não depende de mim: o lugar compete àqueles a quem está destinado'. Ouvindo isso, os outros dez começaram a indignar-se contra Tiago e João. Jesus chamou-os e deu-lhes esta lição:

'Sabeis que os que são considerados chefes das nações dominam sobre elas e os seus intendentes exercem poder sobre elas. Entre vós, porém, não será assim: todo o que quiser tornar-se grande entre vós, seja o vosso servo; e todo o que entre vós quiser ser o primeiro, seja escravo de todos. Porque o Filho do Homem não veio para ser servido, mas para servir e dar a sua vida em redenção por muitos'" (Mc 10,35-45).

É importante, mais uma vez, repetirmos o trecho do último versículo: "Porque o Filho do Homem não veio para ser servido, mas para servir".

São Mateus narra a mesma situação em seu Evangelho.

E lembremos o que São João nos conta nos preparativos para a Santa Ceia, quando Jesus lavou os pés dos discípulos dando a lição prática de que estamos na Terra para servirmos antes de sermos servidos.

Mas o que o mundo insiste em nos dizer em relação a isso? Que sucesso é justamente ser servido.

Pode reparar nas operações daqueles que são considerados os melhores hotéis e restaurantes. Os empregados estão sempre prontos para te servir. Você deixa cair um guardanapo e logo está ao seu lado um garçom com um limpo para trocar. Você termina o copo d'água, nem pisca e outro garçom já está enchendo seu copo novamente. Por isso tudo, fica a mensagem errada de que a melhor situação na vida é a de ser servido.

Você pensa que isso não acontece também nas igrejas? Pois está enganado.

A primeira coisa que faço questão de deixar claro é que quem se dispôs a servir não o está fazendo para o padre, bispo, missionário ou papa, mas o faz a Deus. Quem serve na igreja serve ao Senhor.

Muitas vezes as coisas se confundem e as pessoas começam a achar que podem ganhar "importância" ou algum status na igreja para passar a ser servidas. O que quero dizer e faço questão a cada oportunidade é que todos nós que servimos temos a mesma importância aos olhos do Senhor.

Pode ser a pessoa que distribui folhetos para ajudar no acolhimento, o músico que toca violão, a pessoa que deixa os banheiros limpos para os fiéis ou quem proclama a Palavra de Deus – estamos todos em comunhão para servir.

Essa é uma das principais lições que a igreja pode dar.

Dentro da igreja não existem crachás hierárquicos como no mundo corporativo.

O Espírito Santo fala através de mim para todos os fiéis sem se importar com o status desses na sociedade, pois esta é a verdade do Senhor: somos únicos e todos temos importância especial aos olhos de Deus.

Os afazeres vão de acordo com a habilidade de cada pessoa.

Um pode ser melhor como músico, outro pode ser mais hábil no serviço social, mais simpático distribuindo folhetos... Tanto faz, o importante é que o resultado é único e o serviço de todos na igreja tem sua fonte na oração.

No caminho que nos leva ao encontro do Senhor está o sorriso sincero à pessoa nova que chega à igreja, o acolhimento na porta, o ministrar a Eucaristia, a leitura da Palavra. Perceba que são tantos serviços...

Existe uma condição, no entanto: o servo ou serva tem que possuir intimidade com Deus, pois não somos funcionários do Senhor, mas Seus amigos. Somos íntimos Daquele que nos amou, que nos ama e transforma nosso dia a dia.

Claro que quem serve também é servido. E aqui vai outra lição divina: ao estarmos no lugar daquele que recebe os frutos do serviço de outros, é nosso dever demonstrar gratidão, um muito obrigado, um sorriso.

Amado, temos que imitar Jesus. Pense em toda a trajetória Dele e verá que as situações que lembrar são de Jesus servindo. Até os últimos momentos, quando serviu o pão e o vinho na Última Ceia.

Ou você pensa que para Jesus o sucesso seria alcançar a posição de ser servido?

Lembre-se da passagem do Evangelho de São Lucas, quando Cristo aceitou jantar na casa de Simão, um fariseu que desconfiava Dele.

Havia no povoado de Simão uma mulher conhecida como pecadora. Esta, ao saber da presença de Jesus, quis lavar-Lhe os pés. Ela os banhou com lágrimas, secou com os próprios cabelos e os ungiu com o perfume que possuía.

Jesus foi questionado pelo fariseu sobre deixar-Se lavar por uma pecadora. E qual foi sua resposta? A de gratidão à mulher.

"Então, Jesus lhe disse: 'Simão, tenho uma coisa a dizer-te'. 'Fala, Mestre', disse ele. 'Um credor tinha dois devedores: um lhe devia quinhentos denários e o outro, cinquenta. Não tendo eles com que pagar, perdoou a ambos a sua dívida. Qual deles o amará mais?' Simão respondeu: 'A meu ver, aquele a quem ele mais perdoou'. Jesus replicou-lhe: 'Julgaste bem'. E voltando-se para a mulher, disse a Simão: 'Vês esta mulher? Entrei em tua casa e não me deste água para lavar os pés; mas esta, com as suas lágrimas, regou-me os pés e enxugou-os com os seus cabelos. Não me deste o ósculo; mas esta, desde que entrou, não cessou de beijar-me os pés. Não me ungiste a cabeça com óleo; mas esta, com perfume, ungiu-me os pés. Por isso, te digo: seus numerosos pecados lhe foram perdoados, porque ela tem demonstrado muito amor. Mas ao que pouco se perdoa, pouco ama'. E disse a ela: 'Perdoados te são os pecados'" (Lc 7,40-48).

Essa passagem da Palavra do Senhor mostra em toda a simplicidade de Jesus muitos dos pontos de que tratamos até aqui.

Jesus não julgou, não se posicionou com superioridade ou inferioridade, apenas aceitou e foi grato a quem demonstrava na prática o desejo de servir.

Não sei sobre você, mas uma das maiores felicidades que tenho é saber que fui instrumento de Deus ao servir alguém para o bem.

Posso estar cansado da correria cotidiana, de celebrar missas aqui ou acolá, mas quando vejo Deus me usando para tocar vidas, não existe alegria maior que possa sentir.

Isso só reforça o que sempre digo, que a alegria real não está em possuir milhares de bens, carros novos, títulos. A alegria em fazer o bem para o outro é incomparável, afinal é verdadeira.

Quando criança, li um livro que me marcou muito. Infelizmente não me recordo do título, mas a mensagem que guardei é importantíssima. Era sobre um menino que queria ser feliz e saiu em busca desse objetivo.

A caça à felicidade o levou ao mundo inteiro. Ele passou por todos os tipos de situação que acreditamos trazer felicidade constante.

O menino cresceu e adquiriu bens, foi servido, foi tratado como nobre, participou de experiências consideradas inesquecíveis, só que eram satisfações momentâneas e depois ele sempre sentia um vazio interior.

Ao fim de uma longa jornada de busca, ele decidiu voltar para casa, já que tinha passado por todos os lugares possíveis em sua aventura. E foi na simplicidade de sua casa, junto à família, que ele descobriu que residia a verdadeira felicidade.

O que a história me ensinou é que a felicidade encontra-se no estar junto aos seus, na busca em fazer bem ao outro. Que nunca encontraremos a felicidade que nos completa se trabalharmos mais para termos mais, viajarmos mais, possuirmos mais coisas, termos mais roupas do que seria preciso para uma vida inteira.

Por isso, Jesus nos mostra em seu exemplo a terceira lição que quero compartilhar neste capítulo: a felicidade está em viver uma vida na simplicidade.

Ele próprio escolheu nascer em uma família simples, em um local igualmente simples, mas onde todos tinham uma característica em comum: eram tementes a Deus.

Pense no Senhor e em seu comportamento durante a existência terrena. Jesus nunca pensou em acumular mais do que precisava para viver, nunca transmitiu a mensagem confusa de que temos que possuir sempre mais para sermos mais felizes.

Isso serve para propaganda. "Você será feliz se comprar tal coisa." "A felicidade está em morar em tal lugar."

Não se deixe enganar.

O inimigo sempre vai tentar convencê-lo a ser consumista, criando um círculo negativo de relacionamento com os outros. Para ser consumista, você terá que ganhar mais. Para ganhar mais, você se convencerá de que existem dois caminhos: assumir responsabilidades que não lhe cabem ou agir de modo a tirar proveito dos outros. Está dado o sinal para fugir da simplicidade.

Mais uma vez: mire-se no exemplo de Jesus.

Durante o Seu ministério, alguém já ouviu falar que ele exigiu ser transportado de algum modo que não fosse caminhando para atender necessitados em uma localidade diferente? Ou que ele possuía mais do que a própria roupa do corpo?

Veja bem, amado, não estou falando que temos que viver na simplicidade absoluta de Jesus, pois aqueles eram outros tempos e outra situação.

Mas é nossa missão, sim, viver uma vida de simplicidade e evitar as ilusórias tentações com que somos bombardeados diariamente sobre a receita da felicidade.

Existe um movimento minimalista, que surgiu no Japão, de volta à simplicidade e que considero bastante oportuno.

A sociedade japonesa prosperou economicamente na segunda metade do século passado, depois das guerras.

Com a maior fartura econômica, iniciou-se a ideia equivocada de que posse traz mais felicidade. Ou seja, estava lançada a receita para o consumismo desenfreado.

Lembro-me de que tempos atrás eu ouvia relatos de pessoas que iam para o Japão e que encontravam objetos, principalmente os tecnológicos e mais caros, em perfeitas condições, descartados nas latas de lixo.

O consumismo era tanto que as pessoas sequer pensavam em aproveitar os objetos comprados, pois se adquirissem um novo, aí sim ficariam mais satisfeitas.

Compravam, por exemplo, uma TV de plasma da época, que era uma inovação. Mas quando a indústria lançava um aparelho com funcionalidade ou nome diferente, havia uma corrida desenfreada para descartarem a novidade da semana anterior a fim de substituírem pela novidade mais recente.

Claro que com o passar do tempo perceberam que nada daquilo lhes traria satisfação, e o movimento minimalista surgiu para reforçar exatamente o oposto.

Quem aderiu ao movimento livrou-se da maior parte dos bens e ficou somente com o básico e necessário. Houve pessoas que mantiveram seus armários com apenas duas calças, duas camisas, um casaco e pouquíssimos outros itens de vestuário. Essas pessoas, agora, estavam muito mais felizes em relação à época de consumo exacerbado.

O que essa história nos ensina é o que Jesus nos mostrou há dois milênios: a felicidade não está em possuir, e também não está em não possuir.

A felicidade está em viver de maneira que as coisas supérfluas não desviem sua atenção em relação ao que é verdadeiro. Ou seja, se sua rotina de trabalho tem como objetivo adquirir mais e mais dinheiro para conquistar poder aquisitivo a fim de comprar mais bens de consumo – pois algo lhe diz que com essa renda mais alta você será mais feliz –, eu garanto que você deve parar e reconsiderar sua rota.

Alcançar esse tipo de objetivo pode proporcionar satisfação momentânea, porém não mais que isso. E pense que entrar nessa corrida vai desviar tempo e atenção preciosíssimos que deveriam ser dedicados a quem você ama e merece.

Pergunte a si mesmo se a rota que traçou vale a pena. Pergunte-se o que Jesus faria em seu lugar. A resposta está aí. O caminho para a verdadeira felicidade é esse.

Não digo isso tentando convencer as pessoas a trabalharem menos ou realizarem menos, e sim para que tenham consciência de darem prioridade às coisas e às situações que realmente merecem.

Jesus nos mostra que menos é mais.

Contudo, o que são esse menos e esse mais?

Trabalhar menos horas significa menos dinheiro, mas, se o resultado for mais tempo para desfrutar da família, de conversas, de passeios no parque, de idas à igreja, considere nessa conta o valor de menos e o valor de mais.

O mundo continuará lhe propondo que mesmo para essas situações você terá que possuir mais. Terá que ter mais dinheiro para assistir a todos os filmes, comprar pipoca e refrigerante no cinema, depois passear no shopping e poder comprar tudo o que lhe chamar atenção. E assim vamos entrando em uma verdadeira bola de neve.

Amados, Deus quer nos alertar de que precisamos voltar ao primeiro amor, sim. Voltar ao estado de compreensão de que o único fundamental é o Senhor.

Ele nos mostrou que o importante é servir, levar uma vida de simplicidade e não sermos levados pela correnteza deste mundo que vive completamente fora da Palavra de Deus.

Céu e inferno são realidades eternas. Eles existem, não são peças de ficção. O que você está fazendo com a sua vida vai te levar para o céu ou para o inferno. O que determinará seu destino eterno são as suas escolhas.

O mal existe e quer levar com ele almas para longe de Deus, porque, desde o momento em que o Senhor disse que criaria o ser humano, o diabo passou a odiar a humanidade. Por isso ele quer tirar o foco do que realmente é importante nesta vida.

No julgamento final, o que vai pesar não é a sua conta bancária, seus títulos, suas teses, a sua fama. Nada disso, meu irmão e minha irmã.

Só vão contar os rastros de amor e bondade que você deixou nas pessoas que encontrou pelo caminho.

Por isso, sobrevivi ao empurrão. O mal queria me destruir, no entanto, agora mais do que nunca, vou evangelizar. Quero levar almas para Deus, quero acordar pessoas para viverem para o essencial, para o que realmente importa nesta vida.

Não sabemos quanto tempo temos de vida, se dias, anos, décadas. Por isso, temos que estar preparados para nosso encontro com Deus.

Amado, não se deixe enganar. Volte para o bê-a-bá do Evangelho, volte para o que Jesus nos ensinou sobre servir e viver na simplicidade, sobre levar uma vida de intimidade com Deus, possuir menos coisas, porém permitir-se desfrutar de mais felicidade.

Possuir menos não é uma decisão de viver em escassez. Possuir menos é saber dar o espaço devido para o que tem valor real. A pandemia nos escancarou isso. De que vale e valia possuir tantas coisas se não podíamos ter o mais importante, que é compartilhar os momentos com quem amamos?

Estarmos afastados dos abraços e do afeto de quem mais amamos na Terra foi um sinal claro de como Deus espera que hierarquizemos nossos valores, para entendermos o que é a felicidade em vida.

Felicidade é igualmente questão de gratidão. É enxergar tudo com olhos agradecidos, ver tudo com a ótica de Deus.

Necessitamos de conversão, precisamos viver para as coisas do Alto, precisamos viver para o que nunca acabará, porque nossa essência é eterna.

Somos filhos e filhas de Deus. Um dia iremos, querendo ou não, para um lugar definitivo e não haverá mais volta.

Não estou dizendo isso para assustar. Pelo contrário, é para ensinar você a escolher o que realmente importa.

O céu está esperando por você. Opte por tudo o que Jesus nos diz em Sua Palavra, tudo aquilo que nos levará ao céu. Ele nos deixou o Seu manual.

E se você ler diariamente para viver o que Ele ensina, aí sim você estará construindo uma casa eterna no céu.

Garanto que no fim terá valido a pena tantos sofrimentos e provações.

Creia: Jesus te ama, Jesus está de braços abertos para te acolher.

É hora de mudarmos o rumo de nossa vida, de voltarmos ao essencial, à simplicidade, à servidão, ao serviço na verdade da Palavra de Deus.

E tudo isso é fundamentado no amor. No amor que você sentiu no princípio por Deus, no amor cristão que São Paulo tão bem definiu em seu hino, na Carta aos Coríntios:

"Ainda que eu falasse as línguas dos homens e dos anjos, se não tiver caridade, sou como o bronze que soa, ou como o címbalo que retine. Mesmo que eu tivesse o dom da profecia, e conhecesse todos os mistérios e toda a ciência; mesmo que tivesse toda a fé, a ponto de transportar montanhas, se não tiver caridade, não sou nada. Ainda que distribuísse todos os meus bens em sustento dos pobres, e ainda que entregasse o meu corpo para ser queimado, se não tiver caridade, de nada valeria! A caridade é paciente, a caridade é bondosa. Não tem inveja. A caridade não é orgulhosa. Não é arrogante. Nem escandalosa. Não busca os seus próprios interesses, não se irrita, não guarda rancor. Não se alegra com a injustiça, mas se rejubila com a verdade. Tudo desculpa, tudo crê, tudo espera, tudo suporta. A caridade jamais acabará. As profecias desaparecerão, o dom das línguas cessará, o dom da ciência findará" (1Co 13,1-8).

Oração

Senhor Jesus, esvazia-nos de tudo.

Pedimos perdão pelas vezes em que deixamos o mundo ditar os rumos da nossa vida e nos perdemos.

Queremos nos converter para viver na simplicidade, na verdade da Palavra de Deus, viver uma vida de serviço a Ti.

Queremos ser pessoas que constroem o próprio lugar no céu.

Jesus, não permita que sejamos enganados pelo inimigo.

Que nunca percamos o foco em Ti, Jesus.

Que possamos seguir com perseverança a vivência do Evangelho, para que possamos viver uma vida no essencial, uma vida de eternidade com Deus.

Tudo isso nós pedimos em nome da Trindade Santa.

Em nome do Pai e do Filho e do Espírito Santo.

Amém.

8
Tripé da fé

◊

O amor de que trata o capítulo anterior está intimamente relacionado ao título deste livro – *Batismo de fogo* – e às "armas" que recomendo que sejam utilizadas nessa jornada. Juntas, elas formam o Tripé da Fé.

Coloquei armas entre aspas porque não sou afeito a elas em seu sentido literal e quero contar uma história pessoal relacionada ao tema, que mostra como extraímos lições valiosas de todas as situações.

E depois contarei como o amor está relacionado ao meu batismo de fogo.

Quando completei 18 anos, servi no Exército. Não queria, pois nunca fui amigo das armas e dos padrões militares.

Então, quando fui fazer exame físico para o CPOR (Centro de Preparação de Oficiais da Reserva) simulei falta de aptidão para ser rejeitado no serviço militar.

O CPOR é destinado a quem estiver cursando ensino superior ao completar 18 anos, pois permite o estudo simultâneo à preparação para formação como oficial.

Tenho 1,95 metro de altura e lembre-se de que era minha época de academia. Então perceberam que fiz corpo mole e em vez de me encaminharem para a Polícia do Exército, que seria o destino natural, me mandaram ao Batalhão de Guardas.

Comecei a servir lá e eu era o mais alto do batalhão. Isso me colocou em posição de base, que é a referência para as atividades. Na hora de marchar, por exemplo, todos seguem quem é base. Quando viram que eu não tinha talento para ser base, me transferiram para ser armeiro, para auxiliar o cabo que cuidava da manutenção das armas.

Logo eu que nunca gostei de armas.

Por isso usei a palavra entre aspas.

Só que o posto me trouxe uma lição que levo para a vida.

Se não houver cuidado, manutenção constante, a arma perde o foco. O resultado é que você não atinge o alvo.

Pode ser por falta de uso, por uso em excesso, por utilização indevida... Tanto faz, o importante é a manutenção e a recalibragem constantes.

Guardei isso comigo: a prática da manutenção é determinante para o sucesso do Tripé da Fé. Assim como as armas precisam de cuidado constante, assim como preciso de três refeições diariamente para me manter fortalecido, igualmente meu foco em Deus é mantido pela prática e recalibragem diária do Tripé da Fé.

Isso me leva ao outro ponto que abordei no começo deste capítulo, que é a relação do amor com as "armas" do Tripé e o título do livro.

Não sei se você sabe, mas a palavra "batismo" vem do grego e significa, na língua original, "mergulhar". Repare que o batismo pede imersão.

Quanto mais pratico o Tripé da Fé, quanto mais amor cristão manifesto, mais mergulho em direção ao Senhor. E quanto mais me aprofundo nesse mergulho, mais foco possuo para me aproximar de Deus.

Simples assim.

Outra experiência de mergulho que mudou a minha vida e vi transformar a de muitas outras pessoas é o Batismo no Espírito Santo.

É um momento de transformação completa, que fornece uma base interior para se viver plenamente o Tripé da Fé.

Dentro da Renovação Carismática Católica, da qual participo com minha família desde que chegou a São Paulo, o Batismo no

Espírito Santo é pedido especialmente durante os Seminários de Vida no Espírito Santo, que são semanas de aprofundamento no Evangelho e na oração.

Trata-se exatamente do que está no Livro de Atos, na Sagrada Escritura:

"[...]porque João batizou na água, mas vós sereis batizados no Espírito Santo daqui a poucos dias" (At 1,5).

Não significa que iremos possuí-Lo, pois internamente já O temos. Significa que nos deixaremos possuir pelo Espírito Santo. Ao fazermos isso, o amor de Deus nos fortalece.

Mais uma vez voltamos ao Ágape, ao amor incondicional.

Como São João escreveu:

"Caríssimos, amemo-nos uns aos outros, porque o amor vem de Deus, e todo o que ama é nascido de Deus e conhece a Deus. Aquele que não ama não conhece a Deus, porque Deus é amor" (1Jo 4,7-8).

Sim, Deus é amor.

Ao experimentar o batismo no Espírito Santo, as pessoas passam a ter uma relação renovada de intimidade com o Senhor: começam a frequentar diariamente (ou regularmente) a missa para comungar, ter a Eucaristia mais e mais presente em sua vida, e a leitura da Palavra do Senhor ganha um novo significado.

Isso acontece pois quem é batizado no Espírito passa a viver um relacionamento com o Espírito Santo, e não mais tê-Lo somente de forma teórica ou intelectual. O Espírito Santo, que vive dentro da pessoa, passa a conduzi-la no dia a dia. Existe uma nova alegria, uma transfiguração interior; a oração diária ganha novo significado e a mente é aberta para a plena compreensão das Escrituras.

Isso é o que representa o Batismo no Espírito Santo.

Como eu já disse, isso aconteceu comigo também. Foi durante a época em que terminava a faculdade de Educação Física e vivia no mundo das academias.

Voltei ao primeiro amor, Deus me trouxe novamente à paixão pela Fé Católica. O Senhor retornou ao primeiro lugar em minha vida e com o batismo no Espírito tive imersão total no Tripé que me acompanha por todos esses anos como sacerdote.

Nessa nova relação com o Senhor, é preciso entender que a intimidade com Deus não significa que você não enfrentará mais turbulências na vida. Significa, sim, que a força para superar todas as provações, os desertos, quaisquer dificuldades, sempre esteve ao nosso alcance e, daquele momento em diante, é potencializada internamente e torna-se indestrutível.

Nada mais é capaz de derrubá-lo definitivamente quando você tem as reais experiências da Eucaristia, Escrituras e Rosário, que formam o Tripé.

Vou falar sobre cada um deles.

Eucaristia

Começo contando aqui a conversão de Scott Hahn, teólogo cristão que era pastor e se tornou católico pela força da Eucaristia.

Lendo as Escrituras em São João, Lucas e Mateus, ele compreendeu que Jesus não fazia uma analogia, mas sim uma afirmação ao dizer que o pão era seu corpo, e o vinho, seu sangue.

Reproduzo a seguir os textos das Escrituras para que se confirme tudo com a Palavra do Senhor:

"[...]Tomou em seguida o pão e depois de ter dado graças, partiu-o e deu-lho, dizendo: 'Isto é o meu corpo, que é dado por vós; fazei isto em memória de mim'"(Lc 22,19).

"[...]Tomou depois o cálice, rendeu graças e deu-lho, dizendo: 'Bebei dele todos, porque isto é meu sangue, o sangue da Nova Aliança, derramado por muitos homens em remissão dos pecados'" (Mt 26,27-28).

Scott Hahn compreendeu definitivamente o significado das palavras do Salvador no evangelho de São João:

"Então, Jesus lhes disse: 'Em verdade, em verdade vos digo: se não comerdes a carne do Filho do Homem, e não beberdes o seu sangue, não tereis a vida em vós mesmos. Quem come a minha carne e bebe o meu sangue tem a vida eterna; e eu o ressuscitarei no último dia. Pois a minha carne é verdadeiramente uma comida e o meu sangue, verdadeiramente uma bebida. Quem come a minha carne e bebe o meu sangue permanece em mim e eu nele. Assim como o Pai que me enviou vive, e eu vivo pelo Pai, assim também aquele que comer a minha carne viverá por mim'" (Jo 6,53-57).

Esse é o verdadeiro sentido da Eucaristia.
A Eucaristia é o próprio Jesus que se faz pequeno para que possamos comungá-Lo.
Amado, eu sou apaixonado por Jesus Eucarístico.
Nas cartas de São Paulo compreendemos a importância da comunhão. Ele fala que muitas doenças, na verdade, provêm da falta de comunhão com Jesus, apontando que temos que viver de acordo com nossa fé, com aquilo que ensina a nossa doutrina católica.
Leio muitos livros espirituais e uma literatura que amo é a patrística, que trata das doutrinas centrais da fé cristã pelos primeiros padres da Igreja.
Nelas, muitos padres falam da importância da Eucaristia como remédio para nossa alma doente. E que se soubéssemos o valor dela, muitas coisas seriam diferentes em nossa vida.

Precisamos entender mais e mais que a cada comunhão o próprio Cristo se faz pequeno para entrar em nossa vida, fazer morada e nos transformar.

Passamos, mais uma vez citando São Paulo na carta aos Gálatas, a experimentar literalmente que:

"Eu vivo, mas já não sou eu; é Cristo que vive em mim[...]" (Gl 2,20).

Para isso, é preciso que nos preparemos por meio da confissão, por meio de uma vida levada de acordo com os mandamentos.

Na Eucaristia, nós passamos a ser sacrários e recebemos não um pedaço de pão qualquer, mas o Rei dos Reis, que entra em nossa casa e faz morada.

Participar da Eucaristia não pode ser apenas receber mais uma comunhão; é, a cada vez, A comunhão, é Cristo que renova Sua vida em mim. Por ela, já não posso ser a mesma pessoa, pois algo novo, algo melhor acontece.

Como sacerdote, uma das minhas maiores alegrias é poder, na pessoa de Cristo, trazê-lo para o meio de nós, na consagração.

Todo sacerdote atua na pessoa de Cristo (*in persona Christi*) para que as pessoas possam ter a graça de comungar Jesus.

A cada comunhão, somos esvaziados de algo que não nos serve e preenchidos por Jesus. Nessa prática diária, recebemos a força do Alto para superar qualquer dificuldade.

Precisamos retomar o nosso zelo e amor ao comungarmos Jesus. É Nele que encontramos a força para enfrentar os desafios cada vez maiores que temos nesta Terra.

Foi durante uma das minhas adorações a Jesus Eucarístico que senti Deus falando para que eu usasse as redes sociais para dar a maior bênção do universo, que é a bênção do Santíssimo.

Faço isso atualmente às 7 horas da manhã pelo YouTube e assim podemos começar um dia plenos da bênção e da proteção de Deus.

Tem sido uma experiência maravilhosa, e eu sei que muitas pessoas estão entendendo e se rendendo a Deus.

Escrituras

Quando eu era pequeno não sabia por onde começar a leitura integral dos 73 livros da Bíblia. Então, lia as partes que o pregador pedia. Até que, por meio de um livro do Monsenhor Jonas Abib, fundador da comunidade católica Canção Nova, entendi o verdadeiro significado da Palavra do Senhor.

O livro está indisponível, mas se chama *A Bíblia foi escrita para você*. Mexeu muito comigo não só por me propiciar o entendimento da leitura integral das Escrituras, mas por dar a devida importância à Palavra de Deus.

Transcrevo uma das páginas do livro:

"A Bíblia foi escrita para você!"

"Para mim?", perguntou assustado o meu amigo, na primeira vez em que usei sem rodeios a afirmação "A Bíblia foi escrita para você".

"Sim, a Bíblia foi escrita para você!", lhe respondi.

Tal como aquele meu amigo, a maior parte dos cristãos não acredita nisso, nem imagina que isso possa ser verdade.

"Não", dizem eles, "a Bíblia é um livro difícil. Só os padres e algumas pessoas que estudaram muitos anos são capazes de entendê-la. Portanto, é até perigoso ler a Bíblia; a gente corre o risco de entender mal as coisas... Devemos ser humildes e contentar-nos em receber as explicações que pessoas estudadas nos dão".

Infeliz humildade! Que terrível mal-entendido! Não podemos continuar nos apoiando na sabedoria dos homens. Por mais boa vontade que as pessoas tenham, a sabedoria delas nunca terá a força e a eficácia da Palavra de Deus. Nós, filhos de Deus, somos convidados a ter livre acesso à Sua Palavra; a buscá-La, nós mesmos, diretamente na Bíblia. Os homens que estudam, filhos de Deus como nós, poderão nos ajudar a entendê-la melhor. Assim como um irmão mais velho e experiente ensina o mais novo. Mas nada e ninguém substitui a Palavra de Deus, colhida por nós, diretamente da Bíblia. Ela precisa estar em nossas mãos.

Sim, a Bíblia foi escrita para você.

Ela é a Palavra do Pai para nós, Seus filhos. Talvez você não entenda tudo de início, como uma criança não entende tudo o que o pai fala. Mas a criança, ouvindo seu pai dia após dia, irá compreendê-lo cada vez mais. A regra é a mesma: aplicar-se a ouvir, dia após dia, a palavra do Pai.

A Bíblia foi escrita para os filhos de Deus; portanto, para mim e para você, para o seu colega e para seu colaborador. Basta acolher todos os dias a Palavra viva, como ela está escrita na Bíblia.

A Palavra de Deus irá se esclarecendo por si mesma.

Esta é uma verdade que muitos precisam entender: a Palavra explica a Palavra. Portanto, quanto mais a conhecermos, mais entendemos. A Palavra de Deus vai se autoexplicando.

A salvação nos é dada mediante a fé em Jesus Cristo, e a fé é um dom gratuito de Deus: não é preciso pagá-la. Mas para que a nossa vida cristã seja cheia de frutos, precisamos nos alimentar regularmente com a Palavra de Deus.

"Se compreenderdes essas coisas, sereis felizes, sob condição de as praticardes" (Jo 13,17).

O segredo da felicidade, diz Jesus nesta Palavra, envolve duas condições:
1. Conhecer a vontade de Deus manifestada na Bíblia.
2. Colocá-la em prática.

A realidade infeliz é que nós, cristãos, por não nos dedicarmos como deveríamos à leitura da Bíblia, não conhecemos a vontade de Deus e, portanto, não temos como colocá-la em prática. Não é de se estranhar que nos falte alegria, felicidade.

Convença-se, portanto: a Bíblia foi escrita para você.

Foi como uma mensagem de permissão para a leitura da Bíblia, pois, como o monsenhor escreve, os livros parecem quase intransponíveis. Só que não são. Todos devem experimentá-los.

Depois de ler esse livreto, algo novo aconteceu comigo. Naquele ano, li a Bíblia inteira, marcando com cores diferentes e fazendo anotações.

No ano de seminário, comprei outra e fiz a mesma coisa. Fui marcando, lendo, destacando, escrevendo, e essas duas Bíblias hoje estão guardadas na casa da minha mãe.

A partir disso, nunca mais deixei de ler diariamente a Palavra de Deus, e tenho convicção de que essa rotina é essencial para minha vida de cristão e de sacerdote.

Em 2019, iniciamos um desafio para que as pessoas lessem a Bíblia inteira, renovado em 2020 (ano em que escrevo este livro). Nesse período já dá para perceber como a leitura das Escrituras opera maravilhas na vida de quem recorre à Palavra de Deus.

É extremamente importante no mundo atual, pois somente a palavra sagrada tem o poder de acabar com as inverdades que proliferam no mundo.

Como estou em constante movimento, minha leitura da Bíblia atualmente é mais frequente em aplicativos. E não importa o método que você escolha, a Bíblia é companheira diária de todo católico, de todo cristão.

Durante palestra do Frei Elias Vella, ele disse que, como exorcista, conhecia profundamente o poder da Palavra do Senhor.

Segundo o frei, o inimigo tem ódio da Palavra de Deus e faz de tudo para que as pessoas não a leiam, pois é uma arma certeira contra as mentiras do inimigo.

Quer prova maior do que a narrativa de São Lucas sobre as três vezes em que o demônio tentou Jesus no deserto? O maligno foi derrotado com a Palavra do Senhor.

"Cheio do Espírito Santo, voltou Jesus do Jordão e foi levado pelo Espírito ao deserto, onde foi tentado pelo demônio durante quarenta dias. Durante esse tempo ele nada comeu e, terminados esses dias, teve fome. Disse-lhe então o demônio: 'Se és o Filho de Deus, ordena a esta pedra que se torne pão'. Jesus respondeu: 'Está escrito: Não só de pão vive o homem, mas de toda a Palavra de Deus (Dt 8,3)'. O demônio levou-o em seguida a um alto monte e mostrou-lhe em um só momento todos os reinos da terra, e disse-lhe: 'Eu te darei todo este poder e a glória desses reinos, porque me foram dados, e dou-os a quem quero. Portanto, se te prostrares diante de mim, tudo será teu'. Jesus disse-lhe: 'Está escrito: Adorarás o Senhor, teu Deus, e a ele só servirás' (Dt 6,13). O demônio levou-o ainda a Jerusalém, ao ponto mais alto do templo, e disse-lhe: 'Se és o Filho de Deus, lança-te daqui abaixo; porque está escrito: Ordenou aos seus anjos a teu respeito que te guardassem. E que te sustivessem em suas mãos, para não ferires o teu pé nalguma pedra' (Sl 90,11s). Jesus disse: 'Foi dito: Não tentarás o Senhor, teu Deus' (Dt 6,16). Depois de tê-lo assim tentado de todos os modos, o demônio apartou-se dele até outra ocasião" (Lc 4,1-13).

Portanto, mais uma vez, seja como Jesus.

Nós não podemos agir de maneira diferente. Precisamos ter no coração e na mente a Palavra de Deus para derrotar o maligno, o mau pensamento e todos os artifícios que o inimigo propõe para tentar nos derrotar.

Lembra-se de quando ele tentou me derrubar? Minha resposta foi B.O.: Bíblia e Oração.

Precisamos ser uma geração de homens e de mulheres da Palavra de Deus, católicos que amam e conheçam profundamente as Escrituras.

Rosário

Sobre o Rosário, bastaria dizer que no momento em que o anjo fez a saudação a Nossa Senhora e esta pisou na cabeça da serpente, a humildade de Maria derrotou o orgulho do maligno. Por isso que cada vez que rezamos o Rosário (Terço), o mal é derrotado na nossa vida e na de nossa família.

A história do Rosário é muito interessante e representa bem o motivo que leva Nossa Senhora a pedir a oração do Terço em todas as suas aparições.

Na Idade Média, praticamente ninguém sabia ler. Nem mesmo os reis sabiam ler e escrever. Os padres sabiam, para praticarem e ensinarem a Palavra do Senhor. Dentro dos mosteiros, os padres recitavam diariamente 150 salmos como oração.

Só que o povo não podia fazer o mesmo, já que sem saber ler teriam que decorar todos os salmos para recitá-los. Assim, trocaram os salmos por Pai-nossos.

Com o tempo, a oração passou para 150 Ave-Marias.

Começou assim a história do Terço.

Até que por volta de 1200, o espanhol São Domingos de Gusmão recebeu a missão de levar a Palavra de Deus para uma comunidade na França.

Durante uma de suas vigílias, Nossa Senhora apareceu para o santo e falou que o Rosário era o caminho para a salvação dos fiéis e a conversão dos hereges.

Eu rezo o Rosário com os quatro Mistérios (Gozosos, Luminosos, Dolorosos e Gloriosos) diariamente, então sei da importância dessa oração, que tem realmente o poder de abalar o inferno e derrotar o mal.

Um livro que me ajudou a ter plena noção do valor do Terço é *O Rosário meditado*, de São Luís Maria Grignion de Montfort.

Portanto, este é o Tripé da Fé: Eucaristia, Escrituras e Rosário. Comece a praticar diariamente e tenha a certeza de que sua vida nunca mais será a mesma.

Oração

Jesus, eu Te peço a graça de um renovado batismo no Espírito Santo para esta pessoa, para que ela venha a se render a este Tripé da nossa Fé.

Que esta pessoa entenda a importância da Eucaristia em sua vida e se prepare devidamente para recebê-la.

Que esta pessoa passe a ler as Escrituras diariamente, nem que seja por quinze minutos do dia, e reze o Terço, o Rosário, para se fortalecer e, assim equipados para a luta do dia a dia, possamos estar na graça de Deus.

Tudo isso eu Te peço, em nome do Pai e do Filho e do Espírito Santo. Amém.

9
Maria passa à frente e pisa na cabeça da serpente

◊

Em quatro dos cinco livros que lancei anteriormente, um dos capítulos foi dedicado sempre a Nossa Senhora. *Ruah*, que tratava de alimentação e saúde, foi exceção, já que a temática era diferente. Em *Ágape*, *Kairós*, *Philia* e *Metanoia* dediquei uma parte especialmente à Virgem Maria. Fico feliz que o resultado sempre foi um sucesso.

Nos programas de rádio, a maioria dos testemunhos dos fiéis citava o capítulo mariano. E nesta obra, que tem a intervenção direta da Mãe de Deus, fico feliz em poder dar o devido valor à minha história com ela e compartilhar com você.

Desde pequeno eu vivia em família um tipo de relacionamento que, depois, passei a ter também com Nossa Senhora.

Em casa, quando queria alguma coisa, sabia que o melhor caminho era pedir para a minha mãe, Vilma, para que interviesse com papai. Não que um me amasse mais ou menos do que o outro, mas porque sabia de modo quase instintivo que ela saberia o momento certo, a hora certa de falar com meu pai.

Pois Maria tem justamente esse papel.

Desde que entreguei minha vida a Nossa Senhora, confiei que ela sempre saberia o momento certo de interceder junto a Deus. Em 100% das ocasiões fui bem-sucedido na intervenção mariana.

Maria é o exemplo que todos na Igreja e em qualquer posição no mundo devem seguir. Ela nunca reivindicou a atenção ou importância para si.

A partir do instante em que ela disse sim para o Senhor e aceitou a missão de ser a mãe do Filho de Deus, a história do mundo mudou e ela sempre soube disso. Mas jamais perdeu a humildade.

Basta pensar em todas as aparições marianas durante os séculos. Maria por acaso buscou chamar atenção para si própria?

Nunca.

Ela sempre se colocou na posição de mãe do Cristo, nascido em Jesus. Ela é a mãe do Filho de Deus e nunca abdicou da missão que Deus lhe confiou: a missão de servir.

Aqui neste livro contei para você a história da gravidez da minha mãe, quando em momento de aflição ela consagrou o seu primeiro filho a Nossa Senhora.

Quando estudei na Escola Salesiana, minha devoção à Virgem Maria só cresceu. E durante os anos de estudo no Colégio Dom Bosco, cresci na devoção a Nossa Senhora Auxiliadora, tendo-a como mãe e protetora.

A história da devoção a Nossa Senhora Auxiliadora é linda, aliás.

Em 1571, um exército cristão conseguiu afastar o perigo de um ataque à Europa com a intervenção da Virgem Maria. Daí veio a denominação Nossa Senhora Auxiliadora, que está sempre pronta a ajudar todos nós, seus filhos, a vencer o inimigo.

Maria passa à frente e pisa na cabeça da serpente.

O Papa Pio V adicionou o título de Auxiliadora dos Cristãos à Ladainha de Nossa Senhora, que é rezada em conjunto pelos fiéis.

O termo *ladainha* vem do grego e significa "súplica". Os seguintes trechos da Ladainha de Nossa Senhora se referem à Mãe de Deus com títulos especialmente significativos:

Santa Maria, rogai por nós.
Santa Mãe de Deus, rogai por nós.
Santa Virgem das Virgens, rogai por nós.

Mãe de Jesus Cristo, rogai por nós.
Mãe da divina graça, rogai por nós.
Mãe puríssima, rogai por nós.
Mãe castíssima, rogai por nós.
Mãe Imaculada, rogai por nós.
Mãe intacta, rogai por nós.
Mãe amável, rogai por nós.
Mãe admirável, rogai por nós.
Mãe do bom conselho, rogai por nós.
Mãe do Criador, rogai por nós.
Mãe do Salvador, rogai por nós.
Mãe da Igreja, rogai por nós.

Virgem prudentíssima, rogai por nós.
Virgem venerável, rogai por nós.
Virgem louvável, rogai por nós.
Virgem poderosa, rogai por nós.
Virgem clemente, rogai por nós.
Virgem fiel, rogai por nós.

Espelho de justiça, rogai por nós.
Sede da sabedoria, rogai por nós.
Causa da nossa alegria, rogai por nós.
Vaso espiritual, rogai por nós.
Vaso honorífico, rogai por nós.
Vaso insigne de devoção, rogai por nós.
Rosa mística, rogai por nós.
Torre de Davi, rogai por nós.

Torre de marfim, rogai por nós.
Casa de ouro, rogai por nós.
Arca da aliança, rogai por nós.
Porta do céu, rogai por nós.
Estrela da manhã, rogai por nós.
Saúde dos enfermos, rogai por nós.
Refúgio dos pecadores, rogai por nós.
Consoladora dos aflitos, rogai por nós.
Auxílio dos cristãos, rogai por nós.

Rainha dos anjos, rogai por nós.
Rainha dos patriarcas, rogai por nós.
Rainha dos profetas, rogai por nós.
Rainha dos apóstolos, rogai por nós.
Rainha dos mártires, rogai por nós.
Rainha dos confessores, rogai por nós.
Rainha das virgens, rogai por nós.
Rainha de todos os santos, rogai por nós.
Rainha concebida sem pecado original, rogai por nós.
Rainha elevada ao céu em corpo e alma, rogai por nós.
Rainha do sacratíssimo Rosário, rogai por nós.
Rainha da paz, rogai por nós.

Sim, ela é Santa, Mãe, Virgem, Consoladora, Auxiliadora, Rainha e sempre viveu como serva de Deus.

Por isso é o exemplo que todos temos a seguir.

Meus pais eram muito marianos e até contei também que eu adormecia ao som da música "Mãezinha do céu". Eu tive a experiência do Batismo no Espírito Santo com a pessoa de Jesus e Ele se tornou meu Deus e meu melhor amigo.

Nossa Senhora era minha mãe, mas não tinha tido a experiência pessoal com ela de modo mais profundo até minha diretora espiritual, Patti Mansfield, rezar comigo na capela no Acroporto de Cumbica, quando fui curado da depressão.

Naquele instante, nasceu em mim um novo amor por Nossa Senhora.

Patti pediu para que eu lesse o *Tratado da verdadeira devoção à Santíssima Virgem*, livro de São Luís Maria de Montfort, e que fizesse essa consagração, pois a Mãe de Deus tinha um plano em minha vida.

Por este livro, *Batismo de fogo,* você sabe qual foi esse plano.

Separei um trechinho do livro de Luís Maria Grignion de Montfort para colocar a visão dele sobre Maria.

"Deus Filho consentiu que ela não falasse, se bem que lhe houvesse comunicado a sabedoria divina.

Deus Espírito Santo consentiu que os apóstolos e evangelistas a ela mal se referissem, e apenas no que fosse necessário para manifestar Jesus Cristo. E, no entanto, ela era a Esposa do Espírito Santo.

Maria é a obra-prima por excelência do Altíssimo, cujo conhecimento e domínio Ele reservou para si.

Maria é a Mãe admirável do Filho, a quem aprouve humilhá-la e ocultá-la durante a vida para lhe favorecer a humildade, tratando-a de mulher – *mulier* (*João 2,4; 19,26*), como a uma estrangeira, conquanto em seu Coração a estimasse e amasse mais que todos os anjos e homens.

Maria é a fonte selada (*Coríntios 4,12*) e a esposa fiel do Espírito Santo, onde só Ele pode penetrar.

Maria é o santuário, o repouso da Santíssima Trindade, em que Deus está mais magnífico e divinamente que em qualquer outro lugar do universo, sem excetuar seu trono sobre os querubins e serafins; e criatura alguma, pura que seja, pode aí penetrar sem um grande privilégio.

Digo com os santos: Maria Santíssima é o paraíso terrestre do novo Adão, no qual este se encarnou por obra do Espírito Santo, para aí operar maravilhas incompreensíveis. É o grande, o divino mundo de Deus, onde há belezas e tesouros inefáveis.

É a magnificência de Deus, em que Ele escondeu, como em seu seio, seu Filho único, e nele tudo que há de mais excelente e mais precioso.

Oh! que grandes coisas e escondidas Deus todo-poderoso realizou nesta criatura admirável, di-lo ela mesma, como obrigada, apesar de sua humildade profunda: *Fecit mihi magna qui potens est* (*porque o Deus Poderoso fez grandes coisas por mim*) (*Lc 1,49*)."

Veja que no século 17, São Luís Maria Grignion de Montfort já anunciava a humildade de Maria, que se colocou na posição de serva para que a obra do Senhor se manifestasse em todo o esplendor no Filho de Deus.

Daquele dia em que Patti rezou comigo em diante, iniciei uma amizade ainda mais profunda com Maria. Eu já a amava, ela sempre intercedeu por mim, mas surgiu algo novo, a necessidade de mostrar isso para você, amado, assim como o entendimento de que Nossa Senhora nunca rouba o lugar de Jesus.

Esse é um equívoco no entendimento de nossos irmãos evangélicos sobre a relação católica com Nossa Senhora. Já falei diversas vezes do amor que tenho pelos nossos irmãos, mas preciso explicar que nós não a adoramos, o que faria com que ela ocupasse o lugar de Deus.

Nossa adoração é voltada para Deus.

A relação com a Virgem Maria é reforçada pela minha vivência como confessor e orientador espiritual.

Já escutei muitas pessoas no Brasil inteiro e até fora de nosso país. Sei que, em 95% das situações, a mulher é o pilar que sustenta a família e a torna unida. É a mulher que ajuda o marido e os filhos em seus problemas, dando sugestões, buscando entendimento em Deus, rezando.

Se hoje é assim, imagine então com a mãe de Jesus. Ainda mais considerando o papel importantíssimo que as mães têm na educação dos filhos entre os judeus.

São poucas as passagens sobre ela nas Escrituras. Ela guardava tudo no coração e meditava sobre os ensinamentos do Filho.

Nossa Senhora trabalhava nos bastidores, pois não queria mérito algum. Tudo o que ela queria era que Jesus fosse ouvido. A vida inteira ela se rebaixou para servir, levantar Jesus como o único caminho, a verdade e a vida.

Se você começar a ser devoto a Nossa Senhora, ouvirá dela sempre a seguinte frase: "Fazei tudo o que Ele disser". Sim, fazei tudo o que Jesus disser.

Em suas aparições, a Virgem nunca apresentou doutrina nova. Ela sempre se apoiou nas doutrinas dos primeiros apóstolos. Isso não é por acaso.

As recomendações de Maria são para que leiamos a Palavra do Senhor, para que rezemos o Rosário, que é um resumo do Evangelho.

Nossa Senhora não pede a palavra nem posição de destaque – ela passa à frente e pisa na cabeça da serpente por seus filhos, todos nós que a temos no coração.

Por isso, amado, não tenha medo de ser íntimo de Nossa Senhora. Quanto mais íntimo você for de Maria, mais será de Jesus. As duas coisas estão ligadas, pois quanto mais mariano eu for, mais de Cristo sou, porque ela leva direto a Jesus.

Dentro de nossas igrejas, precisamos ter Maria como modelo de vida. Precisamos de pessoas desprovidas de ego para trabalhar nos bastidores.

Sim, Deus coloca alguns no foco, mas esses precisam de milhares nos bastidores rezando por eles, para que deem bom testemunho.

Só que hoje ninguém quer ser quem trabalha nos bastidores. A sociedade exalta somente os que estão sob os holofotes, como se isso fosse uma regra para todo mundo e para todas as situações. Cria uma impressão enganosa de que o que importa em todas as situações é aparecer, pois supostamente com isso você levará todos os louros.

Mas, amado, não é essa a situação. Falo com propriedade por estar em foco. Como padre, preciso de pessoas atrás de mim, que rezem e intercedam por mim para que eu consiga viver uma vida de santidade. Isso tudo para que Deus se revele em mim, para que Jesus cresça e eu desapareça.

Quanto mais Jesus crescer em mim, em nós, e desaparecermos, melhor. Esse é o valor da vida. Essa é a lição de Nossa Senhora.

Ela só se torna protagonista em situações como, por exemplo, a do meu atentado, para nos carregar em seu colo de mãe e afastar o inimigo.

Maria nunca ficou amargurada, triste, chateada, com inveja, por ter de se rebaixar para Jesus brilhar.

Ela não é Deus, mas foi mãe Dele.

Assim como ela disse sim e mudou a história da humanidade, você também pode dizer sim e mudar a vida de alguém para melhor.

Quem sabe a vida de seu marido, de seu funcionário, de seu filho?

Necessitamos, como Maria, ter consciência de que somos servos, pequenos servos, humildes servos. Deus é Quem opera, e não nós. Nós apenas permitimos que Deus faça a Sua obra por meio de nós, ao darmos livre acesso a Jesus em toda a nossa vida.

Neste mundo em que vivemos, precisamos de pequenas miniaturas de Nossa Senhora. Precisamos de pessoas que queiram ser servas, permanecer no anonimato, que sejam desprovidas da ambição de estar no centro das atenções, porque essas sabem que o único foco tem que ser Deus, tem que ser Jesus, como Nossa Senhora fez.

Você sabe, como está na Palavra de Deus, que Jesus deixou ao discípulo mais amado sua mãe. Você que recebe a Virgem Maria como modelo de vida e como mãe é o discípulo mais amado de Cristo.

Acredite que sua vida nunca mais será a mesma, porque Maria nos leva a uma existência de contínua intimidade com seu filho, Jesus.

Ela nos conduz a uma vida de oração, a uma vida de Eucaristia, Rosário e Escrituras, a uma vida de santidade.

Ela nos faz entender que nada somos sem Deus.

Esvaziados de nós mesmos, a cada novo dia, a cada nova oração, a cada nova missa, somos preenchidos da graça de Deus para viver cada momento com entusiasmo, fé e amor, e fazer pequenas diferenças no mundo de alguém, semeando sempre o bem.

Amado, se você começar a levar essa vida simples, como Nossa Senhora, de não querer coisas grandiosas como o mundo tenta nos ensinar, você se tornará um exemplo e um estímulo para quem está próximo.

E quando você chegar ao céu, não imagina o que o espera. Não são os grandes feitos, curas, milagres, prodígios que nos levarão ao céu – sempre falo isso na rádio. O que o levará para o céu é o dia a dia vivido na simplicidade, fazendo da vida do outro um céu, cultivando a bondade, fazendo o bem a quem cruzar o seu caminho. São os pequenos atos que produzem grandes efeitos junto a Deus.

Sejamos como Maria: pequenos, servos, obedientes e apaixonados por Deus.

Oração

Senhor Jesus, eu te peço perdão por todas as vezes que não dei valor à pessoa de Nossa Senhora.

Que toda e qualquer contaminação que escutei que me deixou com medo de amar Nossa Senhora caia hoje por terra.

Nossa Senhora é mãe, intercessora, e eu a aceito como modelo de minha vida e como minha amiga, que me ajudará a ser mais de Jesus.

Que ao rezar o Terço, o Rosário, eu possa todos os dias renovar minha consagração a ti, Mãezinha.

Totus Tuus Mariae, Todo Teu, ó Maria.

Ó minha Senhora e minha Mãe, eu me ofereço todo a vós e, em prova de minha devoção para convosco, vos consagro, neste dia, meus olhos, meus ouvidos, minha boca, meu coração e todo o meu ser.

E já que sou vosso, ó incomparável Mãe, guardai-me e defendei-me como propriedade vossa. Amém.

10
Suicídio

◊

Deixei para o fim um tema que é muito delicado, mas que precisa ser tratado abertamente: o suicídio. Todos os tópicos neste *Batismo de fogo* têm relação com o atentado que sofri e as lições que extraí dele. O ato de tirar a própria vida é um atentado contra algo que Deus e só Ele pode nos dar, que é a existência na Terra entre nossos irmãos. Por eu ser um sacerdote, esse é um tema que devo tratar com transparência, já que são incontáveis os pedidos de orações que recebo de famílias que têm algum ente que tentou ou que cometeu suicídio.

Ainda mais durante a pandemia da Covid-19, quando tantas pessoas perderam entes queridos ou tantos sofreram com a preocupação sobre o futuro e a saúde dos seus. O período acendeu um alerta extra sobre como devemos encarar as decisões e propensões de quem cogita tirar a própria vida.

Os números sobre suicídio fornecidos pela Organização Mundial de Saúde (OMS) são alarmantes, mas, ao mesmo tempo, não se esvai a esperança de que nós, seres tementes e obedientes ao Senhor, possamos fazer a nossa parte para evitar que mais irmãos sejam levados à conclusão errada de que não vale mais a pena viver e tomem atitude extrema.

Em minha posição de ministério quero dizer que é possível, sim, pouparmos as famílias dessa dor causadora de cicatrizes muitas vezes irreparáveis para quem fica.

Conto isso, infelizmente, com propriedade, pois meu avô, pai da minha mãe, tirou a própria vida, e ela não consegue até hoje, passadas décadas do ocorrido, contar a história sem chorar.

Também digo isso com base na Palavra de Deus e na doutrina Católica, das quais compartilho e que deixam claro que nós, cristãos, defendemos a vida em todas as suas fases, desde a concepção até a morte natural.

Como parte da Igreja, defendo a vida da criança no ventre materno, defendo a vida do idoso e do doente e sempre a defenderei, independentemente da faixa etária ou da circunstância.

Só Deus tem o poder de colocar fim à vida do ser humano, na hora Dele e não na nossa. A Igreja será sempre contrária ao aborto, à eutanásia e ao suicídio, já que promovem a morte. Lembremo-nos de que Jesus morreu por nós, para que tenhamos vida em plenitude.

Ao mesmo tempo tenho que olhar o número crescente de casos e fazer a minha parte, que é buscar a prevenção e lançar a luz da verdade da Palavra do Senhor em quem chega ao limite.

Lembre-se de que eu também passei por um caso de depressão e que 90% dos suicídios têm a ver com situações de transtorno mental, como a doença que tive.

Em contrapartida, a OMS aponta em seus levantamentos que nove entre dez casos de atentado contra a própria vida poderiam ser evitados com atitudes preventivas. Entre estas, coloco a que me curou, que foi a luz espiritual sobre a treva causada pela depressão.

Mesmo nos momentos mais difíceis que passei, nunca cheguei a pensar em suicídio. Deus sempre esteve ao meu lado, e a doença me trouxe empatia para aconselhar meus irmãos que a enfrentam. Não posso dizer, porém, que senti desesperança total. E credito isso, claro, à vida que levo em intimidade com o Senhor.

Mesmo nas horas mais difíceis, Jesus esteve sempre ao meu lado, como um melhor amigo faz. Jesus é meu melhor amigo. É o seu também. Garanto que nunca o abandonará.

Infelizmente, milhões de pessoas anualmente se sentem abandonadas. Milhões mesmo.

Os dados oficiais mostram que cerca de um milhão de seres humanos morrem todos os anos ao tirarem a própria vida. Sabe o que é tão ou mais impactante? Para cada caso de suicídio concretizado, existem estimadas vinte tentativas (felizmente) malsucedidas.

A maioria dos casos tanto de tentativa quanto de efetivação acontece entre pessoas de 15 a 44 anos de idade, em uma taxa que nas últimas quatro décadas aumentou 60%.

O suicídio é a segunda maior causa de morte de jovens entre 15 e 29 anos, atrás somente de acidentes automobilísticos.

Veja você, amado, a gravidade da situação.

É importante salientar que esses números refletem apenas tentativas e suicídios de fato. Pense na quantidade de pessoas que cogitam acabar com a própria vida e que felizmente não vão adiante.

Sei bem disso por conta dos trabalhos em rádio, com variados testemunhos, mensagens via redes sociais e relatos diversos durante outras atividades de meu ministério como sacerdote.

A garantia que posso dar, com 100% de eficácia, é que o Senhor não abandona ninguém. Isso é o que todos nós, que nos defrontamos às vezes com um parente, em outras vezes com um amigo, colega de trabalho, nessa condição de desamparo, devemos crer e afirmar.

Deus é seu melhor amigo. Jesus é seu melhor amigo. Ele nunca o abandonará.

Todos nós passamos por crises. O país pode passar por crise econômica, o que afeta todos os seus cidadãos. Nós podemos passar por crises familiares ou pessoais. Mas nada pode ser motivo para se desistir da própria vida.

A doença nos persegue e as epidemias de depressão e ansiedade são reais, afinal o inimigo é real.

O mal age sutilmente, como é do feitio demoníaco.

Conheci um jovem que tinha fé genuína e era muito piedoso.

Ele estudou com determinação e entrou em uma faculdade conceituada, para concluir o ensino superior. Ele merecia aquilo, pois se esforçou bastante e nunca se afastou do caminho do Senhor.

No período de faculdade, começou a ter aulas com muitos professores ateus. Não bastava não acreditarem em Deus, eles pregavam isso, usando a posição de educadores da pior forma, ou seja, forçavam o ateísmo e a descrença.

Um professor nunca deve mexer com nossas crenças profundas. Muito menos com a mais valiosa, que é a fé e a convicção Naquele que nos deu a vida.

Deus nos fez seres pensantes e questionadores. Questionar é saudável. Mas o plantio deliberado de ervas daninhas em nosso jardim por aqueles a quem damos acesso é traiçoeiro.

Só que, como disse, o inimigo age de maneira perversa.

Passados alguns anos, encontrei esse jovem e ele tinha perdido a fé no Senhor. Começou parando de rezar. Ao ser bombardeado por comentários ateístas, deixou de tomar a "vacina" contra o mal.

Ele deixou de se alimentar da Palavra de Deus, parou com a oração, a Eucaristia e se tornou plenamente suscetível ao inimigo.

Mas não, essa história não tem um final trágico. Uma vez que sua rocha de fé deixou de ser atingida diariamente por aquelas gotas, seus valores voltaram a ser fortalecidos em ambiente sadio e ele retornou a uma vida direcionada a Deus.

Só que quantos passam por situações como essa e não percebem que caíram totalmente na armadilha diabólica?

Essa história é importante porque nos casos que levam ao suicídio acontece a mesma coisa.

A pessoa enfrenta um momento difícil, a situação avança para depressão ou outra doença psíquica, há uma abertura para pensamentos escurecidos, como falta de vontade de viver, falta de visão de luz no fim do túnel. De repente, a pessoa que nunca pensou em tirar a própria vida cai no trabalho orquestrado do inimigo das almas e ele faz com que isso aconteça, plantando a desesperança.

Quando percebe, essa pessoa passa a ter certeza de que o pensamento é dela, quando, na verdade, é uma sugestão do inimigo para acabar com sua vida.

A armadilha é muitas vezes construída durante anos. Se bem que no mundo atual, de pressa e imediatismo, nossa mente está mais do que nunca vulnerável a se transformar em um campo de batalha.

A única maneira eficiente de blindar nossa mente é por intermédio da Palavra do Senhor, que promove bons pensamentos.

Isso não sou só eu que digo, mas todos os psiquiatras cristãos e profissionais da ciência em geral dizem que a saúde mental vem de bons pensamentos e tem como aliados as boas histórias, os bons filmes, os bons livros, hobbies que nos deixam felizes.

Por isso, é fundamental blindarmos nossa mente e as de nossos amados.

Quando deixamos o pessimismo, a monotonia e as más notícias fazerem parte do nosso dia a dia, paramos de rezar. Então é iniciado um círculo negativo no qual passamos a ter uma visão deturpada sobre qual realmente é a obra de Deus e enveredamos para o caminho do suicídio. Aí é um caminho sem volta, e é tão triste que deixa cicatrizes em todos os que amam aquele ou aquela que se deixou levar, além de um sentimento de culpa e arrependimento, como se não tivessem se esforçado o suficiente para impedir que o pior acontecesse.

Conversando com uma amiga que gosta muito de ler, ela me disse que leu a história de um garoto de 12 anos que tinha tirado a própria vida.

Nesse livro, a mãe e a irmã do menino tentavam entender o que o tinha levado àquilo, pois ele não dava sinais aparentes de suicídio em potencial.

Como não encontraram respostas, começaram a se culpar, sentimento fortalecido pela fragilidade da perda de alguém muito amado.

No fim, a conclusão que fica é de que o suicídio pode não acabar somente com a vida do suicida, mas com a de muitos que o rodeavam; no caso desse livro, a da mãe e a da irmã.

Cabe a nós sermos um povo de esperança e cabe a mim contar essas histórias e reafirmar que, independentemente do problema pelo qual passamos, ele também terá solução.

No período em que escrevo este livro, o mundo enfrenta um momento de crise mundial muito penoso causado pela Covid-19 – talvez, durante sua leitura, já possamos tê-lo superado.

Assim são os problemas e as tempestades na vida. Enquanto estamos enfrentando-os, parecem insuperáveis. Depois de superá-los é que percebemos sua verdadeira dimensão.

A Bíblia diz, no Evangelho de São Mateus:

"**Compreendei isso pela comparação da figueira: quando seus ramos estão tenros e crescem as folhas, pressentis que o verão está próximo. Do mesmo modo, quando virdes tudo isso, sabei que o Filho do Homem está próximo, à porta. Em verdade vos declaro: não passará esta geração antes que tudo isso aconteça. O céu e a terra passarão, mas as minhas palavras não passarão**" (Mt 24,32-35).

Só a Palavra de Deus permanecerá, portanto não podemos deixar o inimigo roubar o que nos é essencial, a nossa fé, nossa esperança de dias melhores e de que nossos sonhos se realizarem.

Confie. Faça com que quem estiver ao seu lado, passando por um momento difícil, confie também.

Lembre-se, e a quem estiver próximo de você, das Palavras do Senhor para Filipe, no Evangelho de São João:

"Não credes que estou no Pai, e que o Pai está em mim? As palavras que vos digo não as digo de mim mesmo; mas o Pai, que permanece em mim, é que realiza as suas próprias obras. Crede-me: estou no Pai, e o Pai em mim. Crede-o ao menos por causa dessas obras. Em verdade, em verdade vos digo: aquele que crê em mim fará também as obras que eu faço, e fará ainda maiores do que estas, porque vou para junto do Pai. E tudo o que pedirdes ao Pai em meu nome, vo-lo farei, para que o Pai seja glorificado no Filho. Qualquer coisa que me pedirdes, em meu nome, vo-lo farei" (Jo 14,10-14).

Sabemos que Deus nos concedeu a graça de dons para fazermos a diferença no mundo, ajudar o outro e deixar nossos rastros do bem. Façamos, então, a diferença na família, no trabalho, na igreja.

Dessa forma, entenderemos que não podemos perder a vontade de viver. Pelo contrário, teremos plena consciência de que a vida é uma dádiva maravilhosa de Deus e temos que bem vivê-la na Terra, escolhendo o que lhe agrada, para podermos viver plenos na eternidade com o Senhor.

Nossos jovens e nossas crianças estão sendo alimentados com informações acima das capacidades humanas e, principalmente, além da maturidade do entendimento de suas respectivas idades.

Recebemos, sem filtro algum, muitas fake news em meio a informações verdadeiras, dificultando a possibilidade de diferenciá-las.

Uma grande parcela da sociedade se beneficia com essas mentiras. Portanto, quanto mais nos confundirem e arrancarem a fé dos corações de nossos pequenos e jovens, melhor para eles.

Por isso precisamos fazer a nossa parte, isto é, evangelizar com base em nossa própria vida.

Sim, o modo como vivemos e os exemplos que damos evangelizam mais do que palavras.

Nesse ponto, a verdade está na Palavra de Deus. Somente Ele tem o poder de preencher os vazios que, naturalmente, as gerações mais novas sentem em determinados momentos. É muito comum, por exemplo, nossos jovens preencherem esses vazios consumindo drogas, álcool e muitos outros recursos de uma vida desregrada.

Diante desse cenário, todos nós, assim como nossos jovens, precisamos ser batizados no Espírito Santo, para ter uma experiência viva e real com a pessoa de Jesus.

Os nossos jovens buscam fazer a diferença neste mundo. Os nossos jovens têm grandes sonhos. Os nossos jovens querem experimentar a felicidade. Quando esse jovem entende que somente Jesus pode proporcionar tudo isso, ele será realmente feliz, pleno e não seguirá a estrada rumo ao suicídio.

Amados, meu filho, minha filha, nossa luta espiritual é diária com o Tripé da Fé que apresentei em outros capítulos: Rosário, Escritura e Eucaristia. Essas são necessidades essenciais para que o mal não nos contamine com pensamentos suicidas, como a falta de fé e de esperança.

Temos que ensinar a essa nova geração – em um mundo que vive só de aparência mas sem essência – que é a intimidade com Deus que proporciona a verdadeira felicidade.

Precisamos ensinar nossos jovens a serem pessoas profundas, e que seu interior é muito mais importante do que o exterior. Árvores com raízes profundas dão mais frutos, vivem mais e são mais fortes. Quem vive de aparência não tem forças para resistir às tempestades apresentadas pela vida.

Por tudo isso e muito mais, o suicídio é um mal que cresce em uma sociedade superficial, que vive só do mostrar.

Vamos enveredar os jovens pela vivência interior, tão bem sentida na oração e nos momentos de intimidade com o Senhor.

Assim, eles vão querer ser melhores, ter raízes mais profundas e, consequentemente, afastarão os maus pensamentos, inclusive os de suicídio.

Eu, como sacerdote, escuto muitos desabafos, pedidos de oração e súplicas de pessoas com esses pensamentos, além daquelas que perderam alguém por causa do suicídio, por isso sei que na parte espiritual é fundamental a oração, o amor, o acolhimento e a paciência de sempre mostrar que nesta vida passaremos por dificuldades, mas que tudo é passageiro.

Jesus nos alertou disso. Temos que crer que a força não é nossa, mas de Deus, que vive em nós. É Ele em nós que tudo faz. É Ele em nós que derrota os desafios, os medos e as situações difíceis.

Quando entendemos isso, os maus pensamentos cessam, porque percebemos que a vida é dom gratuito de Deus.

Ele nos criou e Ele é o autor da vida. Portanto, o ponto-final cabe a Ele.

Oração

Jesus, como padre eu repreendo todo o mau pensamento que este meu filho ou filha possa estar tendo.

Repreendo todo o querer tirar a sua própria vida. Retira esses maus pensamentos dele.

Que o Batismo do Espírito Santo, que é real, aconteça na mente dele.

Que ele possa ser envolvido com a graça de Deus, que tudo cura, que tudo liberta, que tudo refaz.

Toda a má influência que ele teve de filmes, de pessoas que o levaram a querer tirar a vida, quebra agora no Teu sangue, Jesus.

Toda a decepção, todo o desequilíbrio, todo e qualquer tipo de mal que possa ter levado ele para esses pensamentos, quebra agora, em Teu nome, Jesus.

E, Jesus, para as pessoas que já perderam alguém por este motivo, liberta-as da culpa, liberta-as do peso que carregam em seus corações.

Dê-lhes novamente a liberdade para serem leves mais uma vez, sem carregarem um fardo que não lhes pertence.

Obrigado, meu Deus.

Eu o abençoo e quebro todo o mal espiritual e toda a culpa que possa existir em você.

Em nome do Pai e do Filho e do Espírito Santo.

Amém.

11
Relatos de quem presenciou

◊

Na trajetória deste livro até aqui, partimos do dia do meu atentado e de como esse episódio trouxe um ensinamento sobre situações e condições para que possamos viver melhor em Deus. Mas uma das principais lições do empurrão é que aquilo aconteceu diante de uma multidão, e foi registrado e transmitido, para que todos levantassem do chão melhores, renovados em Cristo.

Não são frases de efeito. Não tento transformar uma situação ruim em boa vestindo-a com uma roupagem chique. É a pura verdade.

Desde o dia 14 de julho de 2019, o meu ministério como sacerdote triplicou, quadruplicou. O meu entusiasmo como padre ganhou dimensão sem precedentes. E gosto de lembrar que entusiasmo é uma palavra que vem do grego *in* + *theos*, que significa literalmente "em Deus".

Só que a mudança não aconteceu apenas comigo. Ela alcançou a todos que acompanharam a agressão que sofri e que viram o que o Espírito Santo mostrou naqueles minutos do ataque e posteriores.

Esse episódio parece ter mudado a vida de muitos de meus fiéis; perdi a conta dos relatos que recebi e acompanhei pelas redes sociais, no meu programa de rádio e pessoalmente. Ouso dizer que foram centenas de milhares de renovações em Cristo que nasceram daquele atentado.

Por essa razão, pedi para que quatro amigos que estavam no altar comigo relatassem o que presenciaram naquele momento. Os quatro tiveram experiência em comum antes da missa, quando, ao orarem por mim, receberam uma palavra do Espírito Santo e me viram nos braços de Maria.

E para você ver como Deus escreve todas as histórias com perfeição, um dia antes de eu começar a escrever este capítulo recebi no meu programa de rádio o relato de uma irmã, que ilustra perfeitamente o que eu disse logo acima, e que transcrevo com minhas próprias palavras, por respeito à privacidade dela.

Mesmo que ela tenha relatado publicamente na rádio, identificando-se pelo nome, prefiro preservá-la desse tipo de exposição, pois, nesse caso, a história é mais importante que seus protagonistas. Assim como o que o atentado propiciou é mais importante que a dor sofrida por mim.

M. (vamos chamá-la assim) começou me contando sobre o início de nossa história há dezessete anos, quando ela passava por um momento de grave crise em seu casamento e estava prestes a se separar do marido.

Ela mora no Rio de Janeiro, em um município na região metropolitana da capital.

Durante noites, M. rezou para que Deus Lhe falasse o que deveria fazer. Como ela me acompanhava pela rádio e pela televisão, pediu para que eu fosse o mensageiro.

Então, certo dia, M. estava orando ajoelhada e eu, por um dom de palavra de sabedoria, falei a ela pelo Espírito Santo: "Você que pediu tanto para que Deus falasse com você, saiba que Ele está falando agora. Procure um padre. Sua vida se resolverá".

M. escutou isso e se perguntou se era para ela mesmo esse recado divino. Então o Espírito Santo repetiu por intermédio da minha voz: "Você está achando que não é com você? É com você, sim. Você que está de joelhos, mesmo sem que eu tivesse pedido isso. É com você".

Foi quando M. se convenceu de que escutava a voz do Senhor.

Ela foi à lista telefônica, que era comum ainda na época, e chegou ao número da Igreja de São Vicente de Paulo, em um bairro na zona norte do Rio, bastante distante de onde ela morava.

Foi até lá e conheceu o Padre Túlio, que por coincidência é meu amigo e com quem eu havia estudado.

"Por intercessão do Padre Túlio e do senhor, tive a confirmação do meu casamento e voltei a comungar. Isso aconteceu no fim do ano. No começo do ano seguinte, eu, que tinha problema sério de saúde para conseguir engravidar, fiquei grávida", contou ela.

M. teve uma gravidez de risco. Com algumas semanas, ela teve deslocamento da placenta e, após alguns meses, contraiu toxoplasmose. O deslocamento de placenta aumenta, e muito, o risco da gravidez, e a doença pode desencadear consequências danosas para o bebê.

Felizmente, M. teve o bebê no dia 4 de outubro, data em que é comemorado o dia de São Francisco de Assis.

M. conta que, aos 3 anos de idade, o garoto aprendeu a oração de São Bento em meu primeiro livro, *Ágape*. A oração pede a intercessão do santo contra forças ocultas que nos prejudicam.

O menino seguiu uma vida em Cristo, tornou-se coroinha, até que no princípio da adolescência começou a questionar a mãe e ao Senhor, comentando se o inimigo era mesmo tão ruim como ela falava.

M. percebeu que ele já não rezava com tanto fervor e que sua fé estava perdendo força.

Mais uma vez, ela pediu para Deus intervir, realizando o milagre da volta do seu filho. E em julho ela decidiu participar do acampamento PHN (Por Hoje Não vou mais pecar) com o filho, na comunidade Canção Nova. O propósito era que Deus tocasse o jovem e que ele voltasse diferente.

No dia 14, ela, o marido e o filho foram para o Centro de Evangelização, onde eu celebraria a missa de encerramento.

Já contei que havia uma multidão presente, e M. confirma. Mesmo assim ela fez questão de que o filho ficasse de frente para o altar, voltado para a imagem de Nossa Senhora que fica à esquerda de quem olha para o palco.

M. relata que quando levantei as mãos, dizendo que não eram minhas, mas da pessoa de Cristo, viu a mulher se aproximar por trás, parar para adquirir impulso e me empurrar com força total.

Da arquibancada onde ela estava, ouviu-se um barulho forte, como de um estalo, e as pessoas próximas achavam que tinha sido da minha cabeça batendo no chão. Era, na verdade, o meu microfone batendo no solo.

Nesse instante, o Padre Bruno Costa tentou tranquilizar os presentes, que achavam que eu tinha sofrido sérias lesões, e pediu para todos rezarem a Ave-Maria.

O filho de M. contou para ela que no momento do empurrão ele olhava fixamente para mim e que, em sua cabeça, veio a minha imagem com a cabeça sangrando. Por isso, ele não conseguiu rezar a Ave-Maria, pois seu coração pedia a Oração de São Bento, que aprendera aos 3 anos no livro *Ágape*.

Ele levantou as mãos e orou em minha direção, como o milagre que ele é na vida de M., pois representa a salvação de seu casamento e a vitória da vida – afinal, ela tinha extrema dificuldade em engravidar e após o parto do garoto não poderia mais ter filhos.

Aquele momento do atentado representava tudo isso.

"Padre, me desculpe, mas aquilo foi necessário. Aquele empurrão que o senhor sofreu foi necessário. Pois, como aconteceu há vinte e cinco anos, quando em sua ordenação o senhor deitou um simples homem e levantou sacerdote de Cristo, na Canção Nova o senhor foi ao chão e levantou outro. Ao voltar para o altar e falar movido pelo Espírito Santo – 'Maria passa à frente e pisa na cabeça da serpente' –, o senhor caiu como Padre Marcelo e se levantou outro padre, todos gritaram, pois ali se levantava uma nova geração de jovens com amor renovado a Cristo e a Nossa Senhora", conta M.

Foi justamente o que aconteceu.

Assim como o filho dela voltou ao primeiro amor naquele instante, certamente muitos outros jovens que estavam inseguros renovaram o amor ao Senhor.

Não preciso desculpá-la por falar que o atentado foi necessário. Tenho convicção disso. Sou instrumento de Deus para fazer chegar às pessoas a luz, conhecimento e conforto divinos.

Por isso, quero também apresentar relatos de pessoas amadas que estavam no altar quando tudo aconteceu e como isso as mudou igualmente. Para que cheguemos à intenção deste livro, que é mostrar para você, amado, que o batismo de fogo não foi apenas meu, mas também seu e de todos que quiserem. Basta querer. Basta confiar em Deus.

Padre Adriano Zandoná
Comunidade Canção Nova

Aquele era um domingo aparentemente comum. Estávamos muito contentes e vibrantes, em virtude da multidão de jovens presentes no acampamento PHN na Canção Nova. O Padre Marcelo estava muito feliz e entusiasmado, como sempre.

Quando faltavam aproximadamente quinze minutos para começarmos a missa, que seria presidida pelo Padre Marcelo, a Irmã Zélia (uma querida irmã religiosa) nos deu a seguinte sugestão: "Vamos fazer juntos uma oração pelo Padre Marcelo?". Ao que, de pronto, todos respondemos: "Claro, isso será uma bênção!".

Começamos a orar e, em determinado momento, a irmã trouxe uma revelação do Espírito Santo, a qual eu também estava nitidamente recebendo de maneira simultânea: tanto eu como ela (e também um sacerdote, exorcista, que nos acompanhava na oração) víamos a belíssima imagem do Padre Marcelo no colo da Virgem Maria, sendo profundamente abraçado e protegido por ela.

Foi um momento muito forte, no qual sentimos poderosamente a presença de Jesus e de Nossa Senhora.

Quando dissemos e revelamos isso ao padre, durante aquela oração, ele se emocionou muito e chegou a chorar. Foi tudo muito lindo e forte.

Enfim, após esse momento, fomos para a missa e, infelizmente, tudo aconteceu da forma como sabemos.

Eu estava bem atrás do padre naquele instante, pude ver tudo com nitidez e, de onde estava, tive a plena sensação de que o padre poderia ter de fato morrido ali, devido à altura do palco e à forma como ele foi inesperadamente empurrado.

Naquela queda, ele podia ter batido fortemente a cabeça ou até quebrado o pescoço, o que lhe seria irreversível.

Fiquei inicialmente muito chocado e sem reação e, após alguns minutos, pulei do palco para onde ele estava para verificar sua condição e tentar ajudá-lo.

Foi quando percebi que ele estava bem e que logo iria se levantar.

Naquele momento, fui tomado por profunda emoção e senti Jesus dizer em meu coração: "Veja, meu filho, revelei a vocês que o padre estaria no colo de minha mãe e que ela o iria proteger. O inimigo até tentou destruí-lo, mas ele estava no colo de minha mãe e quem está no colo de minha mãe nunca perece. Ela sempre guarda seus filhos debaixo de seu manto protetor, e ali o inimigo não tem poder".

Logo o padre levantou-se, com uma força e energia que só poderiam vir do Espírito Santo de Deus. Ele subiu novamente no palco e voltou a celebrar a missa como se nada tivesse acontecido.

É claro que ele estava ainda um pouco abalado, mas, logo que retornou ao altar, disse: "O inimigo até tentou me derrubar, mas Maria me segurou... Eu estava no colo de Maria!".

Naquele momento, comecei a chorar copiosamente e percebi por que Deus nos tinha dado aquela linda imagem na oração antes da missa. Ali Ele já estava nos revelando que o padre estaria guardado no colo de Maria, protegido sob seu manto, e que nenhum mal iria prevalecer sobre ele.

Não sei se o padre hoje tem a exata noção de tudo o que lhe aconteceu, mas testemunhei aquele momento e percebo que ali aconteceu um verdadeiro milagre na vida dele, que Jesus realizou pelo intermédio das mãos de Maria.

Como dizia São Bernardo, "Um servo de Maria jamais perecerá".

Ela segurou o Padre Marcelo em seu colo naquele dia, e não deixou que aquela investida do inimigo o destruísse. Ela passou à frente e pisou na cabeça da serpente.

Viva à Mãe de Deus e nossa, a Virgem Maria!

Irmã Zélia
Congregação Pia União das Irmãs da Copiosa Redenção

Em primeiro lugar, gostaria de agradecer a Deus por tudo o que o Padre Marcelo Rossi é em minha vida. Rendo gratidão ao céu, todos os dias ele está presente em minhas orações.

Na semana de sua queda, tive a graça de estar no Santuário Mãe de Deus e partilhei com o Jonas (Pimentel) que o terço que o padre havia me dado no PHN de 2018 tinha sido roubado com outros pertences. Então, Deus me presenteou novamente com o encontro com o Padre Marcelo e pude entender que Ele estava me dando uma nova missão de cuidado com a vida do padre.

Intensifiquei as minhas orações por ele naquela semana e escutei a voz de Deus, que dizia que deveria orar por ele antes da Santa Missa no PHN de 2019.

Obediente à voz, partilhei com o Padre Thiago Bartoli, da diocese do Rio de Janeiro, e pedi que ele rezasse comigo.

Falei com o Jonas e combinamos que antes de ele presidir a Santa Missa faríamos a oração por ele. Para honra e glória de Deus, o Senhor proveu mais um sacerdote, Padre Adriano Zandoná, e nós três oramos por ele.

Foi uma experiência profunda do amor de Deus, a começar pela humildade do padre, e também pela abertura do seu coração.

No término da oração, Deus me revelou a intercessão de Nossa Senhora por ele e esta foi confirmada.

Ao término desse momento, o Padre Thiago me chamou e pediu para que eu ficasse com a relíquia da luva de Padre Pio e passasse a missa toda em oração pelo Padre Marcelo.

Para minha surpresa, eu estava tão concentrada na oração que nem vi o ocorrido, apenas escutei a repercussão do susto das pessoas. Só que, ao mesmo tempo, ao ver o Padre Marcelo se levantar e dar continuidade à celebração, acabei me emocionando por ter obedecido à voz de Deus.

O restante da Santa Missa foi de gratidão pelo grande milagre que Deus realizou na frente de todos que ali estavam.

Padre Thiago Bartoli
Arquidiocese do Rio de Janeiro

Eu me chamo Padre Thiago Bartoli, sou natural do Rio de Janeiro e atualmente pároco da Igreja de Santa Inês, no bairro Jabour, em Senador Camará, também no Rio de Janeiro.

Conheci o Padre Marcelo Rossi recentemente e nos tornamos muito amigos, após concelebrar com ele na missa de encerramento do acampamento PHN (Por Hoje Não vou mais pecar) na Canção Nova, no dia 14 de julho de 2019.

Esse dia permanecerá para sempre marcado em minha memória, pois tive a bênção de presenciar e, assim, poder dar meu testemunho de um milagre.

Antes do início da Santa Missa, eu estava em oração com Irmã Zélia e Padre Adriano Zandoná. E durante a oração fomos tocados fortemente pela presença do Espírito Santo e sua mensagem: "Padre Marcelo Rossi está coberto pelo manto da Virgem Maria e, mesmo diante de qualquer ataque do maligno que possa vir a acontecer, Nossa Senhora estará presente para protegê-lo".

Por conta dessa revelação e da nossa devoção, rogamos pela intercessão de Santa Teresinha, para que ele não fosse atingido por mal algum.

Durante a celebração da Santa Missa, tudo se tornou muito claro e a mensagem do Espírito Santo se tornou o milagre.

Repentinamente, sem que alguém pudesse imaginar ou interferir, o Padre Marcelo Rossi foi empurrado e jogado de cima do altar montado em uma altura de mais de dois metros. Para um homem do tamanho dele, a altura, a força da queda e o impacto no chão poderiam ter sido fatais.

Mas, ao contrário da gravidade do acidente e das suas possíveis consequências, nada de grave aconteceu a ele. Pois ele caiu no colo da Virgem Maria.

Foi o Espírito Santo! Foi Maria! Foi um milagre!

Jonas Pimentel
Amigo e coordenador do Grupo de Oração Retaguarda do
Santuário Mãe de Deus

Era domingo, 14 de julho de 2019. Participamos da missa às 6h20, depois nos preparamos para a Santa Missa de Cura e Libertação às 9 horas, no Santuário Mãe de Deus, em Santo Amaro. Ao fim dessa missa, algo forte e profundo me chamou atenção, quando o Padre Marcelo informou aos fiéis que acabando ali ele iria para a missa de encerramento do PHN, em Cachoeira Paulista, na Canção Nova.

Pediu orações a todos; que impusessem as mãos sobre ele e que rezassem uma Ave-Maria. Neste momento, o padre ficou emocionado com a presença de Nossa Senhora naquela oração.

Viajamos ao local da missa de encerramento e durante sua participação, no momento da homilia, pude presenciar o empurrão que o Padre Marcelo recebeu de cima do altar.

Lembro ainda aquela cena forte, quando o vi ao chão, durante aqueles minutos eternos. Confesso que entrei em desespero, pois, diante daquela queda de grande altura, só consegui imaginar o pior. Quando olhei para ele no chão, imaginei que estava machucado gravemente.

Mas Deus não faz a obra pela metade. Assim que a socorrista disse "Vamos removê-lo", o Padre Marcelo abriu os olhos e conseguiu identificar que a dor era na sua perna e que não havia acontecido nada na cabeça, coluna cervical ou quebrado alguma parte do corpo. Então ele se levantou, conseguiu alongar as pernas e percebeu que os machucados foram mínimos diante da proporção do empurrão, de tudo o que aconteceu, e voltou para a Santa Missa.

Ele quis subir pelo mesmo local de onde caiu. Colocou a mão no palco, deu impulso e subiu. Naquele momento percebi a ação poderosa do Espírito Santo de Deus pela intercessão de Nossa Senhora.

Vendo aquela cena, lembrei-me da passagem bíblica da ressurreição de Lázaro, em que Jesus pediu que retirassem a pedra e que ele "subisse e saísse". E no momento da subida do padre, de volta para o altar, eu pensei: *O inimigo quis derrubá-lo, ele caiu, mas se levantou mais forte, porque caiu nos braços da Mãe de Deus.*

Ali, eu creio que se levantou um novo homem, um novo padre, com um ministério sacerdotal renovado para um novo tempo de evangelização, com uma nova força que o fará ainda mais ungido.

Durante esses vinte e cinco anos, tivemos a oportunidade de testemunhar as bênçãos, as graças e os milagres que Jesus realiza diariamente na vida de tantos irmãos, e no dia 14 de julho de 2019 eu pude presenciar um fato que fortaleceu a minha fé: o milagre do Padre Marcelo ter sofrido apenas algumas escoriações após ter sido empurrado, pois foi uma ação extraordinária do poder do Espírito Santo, um milagre pela intercessão de Nossa Senhora.

A lição que ficou para mim é que ao longo do caminho teremos quedas, dificuldades, tropeços, alegrias, derrotas e que não existe vencedor sem batalha, mas não estamos sós. Nossa Senhora nos carrega no colo diariamente, nos levando sempre para o caminho do seu filho Jesus.

Eu asseguro: o que ficou no meu coração é que o Padre Marcelo foi empurrado, caiu no colo de Nossa Senhora e se levantou com um novo ardor pela evangelização!

Sejamos como Maria, gerando Cristo para o mundo pelo poder do Espírito Santo!

12
O fim é sempre um começo

◊

Chego ao capítulo final deste livro justamente quando o mundo passa por uma de suas piores crises, uma pandemia sem precedentes nesta geração e que remete à gripe espanhola, que aconteceu no começo do século passado. Crise em economia significa momento de mar difícil e negativo. Em medicina, é o momento em que a doença evolui. Para melhor ou pior. Estando o mundo afetado em todos os sentidos pela pandemia de Covid-19, a vida espiritual é remédio eficiente para que as crises sejam encaradas da forma como são e nos conduzam sempre a uma situação melhor.

Veja você, amado, como Deus é perfeito.

Em vinte e cinco anos como sacerdote, quando me disponho a escrever um livro baseado em experiência de quase morte, de renascimento no batismo de fogo, o Senhor me coloca em um cenário em que essa mensagem é mais importante do que jamais foi durante toda a minha trajetória como padre.

Nada é à toa.

Em meus momentos de intimidade com o Senhor, tenho perguntado qual é a lição a ser extraída de todo o cenário de pandemia, no qual muitos estão desesperados, por se enxergarem muito próximos da morte, seja deles próprios ou de quem amam.

E, na perfeição de Jesus, a resposta esteve no transcorrer de todo este livro.

A primeira resposta à questão que mais acomete as pessoas em uma hora dessas é que a morte não é o fim.

Sim, creiamos nisso em nosso coração. Levemos conosco essa verdade que o Senhor nos ensinou nas Escrituras.

Eu já passei por duas situações de quase morte. Além do atentado que sofri durante a missa, lembre-se de que no início deste livro conto sobre o acidente de carro poucos dias depois de iniciar a vida sacerdotal.

Foi uma experiência realmente espiritual o que aconteceu naqueles poucos segundos, quando a tensão do momento me fez quebrar, pela força do impacto, o volante com as mãos, e ainda assim não sofri um arranhão sequer.

Eu encarava pela primeira vez uma situação de risco de morte física.

Choque foi minha reação imediata, mas não temi. Desde então, tinha como verdade no coração que para quem vive uma existência amparado em Deus existe uma verdade incontestável: *a morte não é o fim*.

Quantas vezes durante as passagens deste livro, durante a minha exposição sobre o batismo de fogo, ressaltei a importância de se ler as Escrituras? Sim, pois todas as respostas estão depositadas na Santa Palavra.

Veja o trecho da carta que São Paulo escreveu aos Coríntios sobre o momento em que vivemos:

"Eis que vos revelo um mistério: nem todos morreremos, mas todos seremos transformados, num momento, num abrir e fechar de olhos, ao som da última trombeta (porque a trombeta soará). Os mortos ressuscitarão incorruptíveis, e nós seremos transformados. É necessário que este corpo corruptível se revista da incorruptibilidade, e que este corpo mortal se revista da imortalidade. Quando este corpo corruptível estiver revestido da incorruptibilidade, e quando este corpo mortal estiver revestido da imortalidade, então se cumprirá a palavra da Escritura: A morte foi tragada pela vitória (Is 25,8). Onde está, ó morte, a tua vitória? Onde está, ó morte, o teu aguilhão (Os 13,14)? Ora, o aguilhão da morte é o pecado, e a força do pecado é a Lei. Graças, porém, sejam dadas a Deus, que nos dá a vitória por nosso Senhor Jesus Cristo!" (1Co 15, 51-55).

Quão perfeita é a obra de Deus, meu irmão! Quão perfeita!

Junto à pandemia, lembre-se de um assunto de saúde muito, muito importante que foi tratado neste livro e que configura outra epidemia. Bem mais longeva que essa e que precisamos combater igualmente com as armas do senhor: a depressão e o ritmo de vida que tem levado muitos irmãos a transtornos mentais.

Contei para você sobre a minha experiência com a depressão, sobre os meses que passei doente e sobre a redescoberta da saúde por meio de intervenção divina.

A depressão é uma doença muito traiçoeira e nos ensina muito sobre o inimigo.

Ela não chega de uma vez. A depressão se instala aos poucos. Vai buscando brechas de fragilidade na nossa mente e, quando percebemos, já se instalou e está em batalha para tomar o controle de nossos pensamentos e atitudes.

O último estágio da depressão são os pensamentos suicidas, quando a doença quer nos convencer de que nossa existência não tem mais sentido e de que nossa vida não possui valor.

Quão triste é atingir esse estágio! Por isso ainda é uma doença que é encarada com certo preconceito.

Pensando friamente, não deveria ser encarada com preconceito, mas como oportunidade de evolução. Mesmo no fundo do poço, em seu pior estágio, a corda divina estendida nos puxa de volta para a vida e nos faz vencer o medo e a morte.

Jesus passou por situação semelhante após a Última Ceia, quando no Getsêmani orou ao Pai, como nos conta São Mateus em seu Evangelho:

"Adiantou-se um pouco e, prostrando-se com a face por terra, assim rezou: 'Meu Pai, se é possível, afasta de mim este cálice! Todavia, não se faça o que eu quero, mas sim o que tu queres'" (Mt 26,39).

O Senhor nos dava o recado de que o caminho que traça para a nossa vida é perfeito. Assim como o encerramento da nossa passagem pela Terra. Jesus pediu por livramento da condenação, se possível, e automaticamente teve a resposta de que a morte física não significava o fim. E que, no caso Dele, significava a redenção dos pecados da humanidade.

Mais uma vez recorro a uma carta de São Paulo, desta vez aos Romanos, que revela o propósito de Deus sobre nossa vida e nossa morte:

"Então, que diremos? Permaneceremos no pecado, para que haja abundância da graça? De modo algum. Nós, que já morremos ao pecado, como poderíamos ainda viver nele? Ou ignorais que todos os que fomos batizados em Jesus Cristo, fomos batizados na sua morte? Fomos, pois, sepultados com ele na sua morte pelo batismo para que, como Cristo ressurgiu dos mortos pela glória do Pai, assim nós também vivamos uma vida nova. Se fomos feitos o mesmo ser com ele por uma morte semelhante à sua, o seremos igualmente por uma comum ressurreição. Sabemos que o nosso velho homem foi crucificado com ele, para que seja reduzido à impotência o corpo (outrora) subjugado ao pecado, e já não sejamos escravos do pecado. (Pois quem morreu, libertado está do pecado.) Ora, se morremos com Cristo, cremos que viveremos também com ele, pois sabemos que Cristo, tendo ressurgido dos mortos, já não morre, nem a morte terá mais domínio sobre ele. Morto, ele o foi uma vez por todas pelo pecado; porém, está vivo, continua vivo para Deus! Portanto, vós também considerai-vos mortos ao pecado, porém vivos para Deus, em Cristo Jesus" (Rm 6,1-11).

Deus enviou o Filho para que soubéssemos que nossa vida na Terra é um passo rumo à eternidade. Nisso, o falecimento físico é um passo na caminhada eterna.

Portanto não devemos temer a morte.

Esta é a segunda resposta que Deus dá sobre o momento que vivemos e, principalmente, sobre nossa vida inteira.

Como o Espírito Santo me inspirou a escrever neste livro, sejamos como Jesus.

Em todas as situações de vida, pergunte-se como Jesus agiria se estivesse em seu lugar.

Uma vez feito isso, você nunca mais errará, pois a resposta virá do seu coração e carregará a verdade.

Sempre que estiver em dúvida espiritual, volte ao primeiro amor. Traga de volta o momento em que sua paixão pelo Senhor aconteceu e a recoloque em sua vida de forma que nunca mais se apague nem tremule com o vento.

Os ventos sempre vão soprar. Por vezes, são amedrontadores, como na tempestade no Mar da Galileia em que os discípulos estranharam a calma de Jesus e este questionou a fé deles, amansou a maré e voltou a dormir.

Vivemos, enquanto escrevo este livro, uma tempestade mundial, que deve ser encarada como um teste de nossa fé no Senhor.

Dediquei boa parte desta obra e um capítulo inteiro especialmente às armas que Deus nos oferece para mantermos fortalecida nossa fé, em qualquer circunstância: o Tripé da Fé.

Nas Escrituras estão todas as respostas, na Eucaristia está o alimento de sua alma e na prática do Rosário o exercício que mantém fortalecida a Fé.

Três armas simples, três medicamentos sem contraindicações e saborosos, que trazem significado para nossa vida.

Até que tenhamos o encontro final com Deus, no qual tudo o que fomos e fizemos receberá o devido valor.

É por meio do Tripé da Fé que recebemos a graça a que se referiu São João, segundo a Palavra do Senhor:

"E eu rogarei ao Pai, e ele vos dará outro Paráclito, para que fique eternamente convosco. É o Espírito da Verdade, que o mundo não pode receber, porque não o vê nem o conhece, mas vós o conhecereis, porque permanecerá convosco e estará em vós. Não vos deixarei órfãos. Voltarei a vós. Ainda um pouco de tempo e o mundo já não me verá. Vós, porém, me tornareis a ver, porque eu vivo e vós vivereis" (Jo 14,16-19).

Foi um dos últimos recados que Jesus deixou antes de descer à mansão dos mortos e ressuscitar ao terceiro dia.

Jesus superou a morte, assim nós também a superaremos.

Venha ela na forma que for, pois Deus nos concede o dom de tudo superar. Ele é o Pai amoroso que só quer o melhor para nós, seus filhos.

Sejamos gratos ao Senhor. Tenhamos isso em mente sempre, como falei no capítulo em que afirmo que a gratidão verdadeira é a grande arma para combater a inveja e os maus pensamentos que o inimigo tenta utilizar para nos prejudicar.

Ao proteger a mente, não só combatemos as armas perniciosas do maligno como ficamos sempre preparados para o inevitável encontro com o Senhor.

Narrei neste livro meus dois encontros. O primeiro quando era criança e tive a primeira experiência. E o segundo durante um momento histórico do esporte brasileiro, quando assistia à corrida que deu o primeiro título a Ayrton Senna, na Fórmula 1.

Deus não poderia ser mais claro ao mostrar a Sua obra naquele momento. E eu estava preparado para recebê-Lo, tendo vivido uma vida em família voltada para Ele. Mesmo que no período imediatamente anterior tenha me afastado um pouco do caminho.

O Senhor me recolocou na rota em seu *kairós* na hora certa. É o que ele faz com todos os seus filhos.

O Pai não abandona ninguém. Mas espera que nos preparemos para o encontro com o Espírito Santo.

Afastar maus pensamentos, comungar, orar, praticar o bem sempre, afastar o inimigo com o que nos ensinou Cristo e sua mãe, Maria. Tudo o que significa vida. Lembrando que vida possui alguns significados importantes.

No grego bíblico, vida tanto se refere à vida mental, racional e emocional como à existência, no sentido biológico ou natural. Além de tudo isso, existe uma vida de comunhão com Deus, a vida no Espírito – é essa a vida eterna de que tratamos. Como contou São João em seu Evangelho, Jesus veio "para que tenham vida, e a tenham com abundância".

Mais uma vez na palavra de São João:

"Disse-lhe Jesus: 'Eu sou a ressurreição e a vida. Aquele que crê em mim, ainda que esteja morto, viverá. E todo aquele que vive e crê em mim, jamais morrerá. Crês nisso?'"(Jo 11,25-26).

E em São Mateus:

"E ele responderá: 'Em verdade eu vos declaro: todas as vezes que deixastes de fazer isso a um destes pequeninos, foi a mim que o deixastes de fazer'. 'E estes irão para o castigo eterno, e os justos, para a vida eterna'" (Mt 25,45-46).

Essa é a vida que nos liga ao Senhor.
Pois a morte de verdade é a separação de Deus.
Aquele que encontra o Espírito Santo renova constantemente a fé e volta ao primeiro amor, utiliza o Tripé da Fé para estar sempre pronto para agir e, assim como Jesus, sempre triunfará.

Mesmo quando sofrer um ataque, como sofri, cairá no colo de Nossa Senhora. Terá testemunhas de milagre e andará ao lado do Senhor. À sua frente, Maria passará e pisará na cabeça do inimigo.

Aquele que se dispõe a viver assim tudo terá. Como o Senhor promete no livro final das Escrituras:

"[...] 'Está pronto! Eu sou o Alfa e o Ômega, o Começo e o Fim. A quem tem sede eu darei gratuitamente de beber da fonte da água viva. O vencedor herdará tudo isso; e eu serei seu Deus, e ele será meu filho. Os tíbios, os infiéis, os depravados, os homicidas, os impuros, os maléficos, os idólatras e todos os mentirosos terão como quinhão o tanque ardente de fogo e enxofre, a segunda morte'" (Ap 21,6-8).

Maria passa à frente e pisa na cabeça da serpente.
O bem vence e sempre vencerá.
Quero deixar a frase acima como um resumo do livro e do que trago do meu batismo de fogo. Encerro com a síntese de todos os ensinamentos que o Senhor reforçou em mim desde o atentado, peço que unam cada ponto que marca a narrativa deste capítulo e que coloquei em destaque:

A Morte não é o fim.
Portanto, não devemos temer a morte.
Jesus superou a morte, assim nós também a superaremos.
Pois a morte de verdade é a separação de Deus.
O bem vence e sempre vencerá.

E que Deus o abençoe.

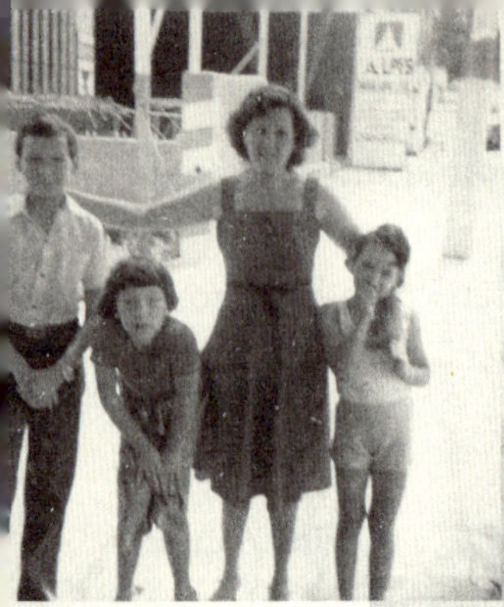
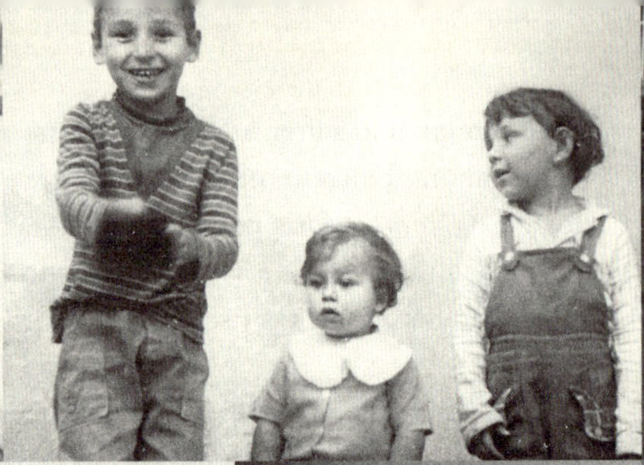
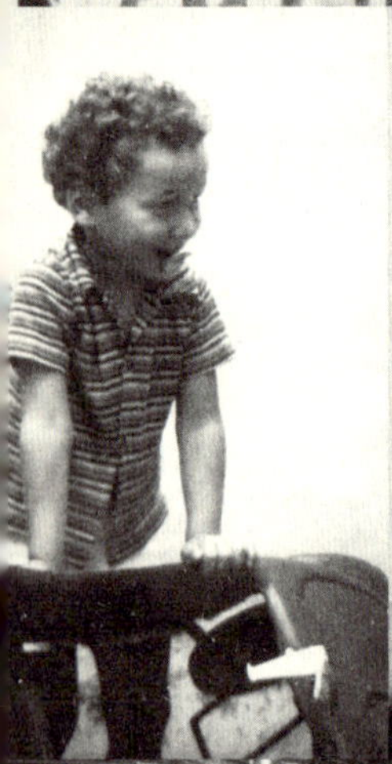
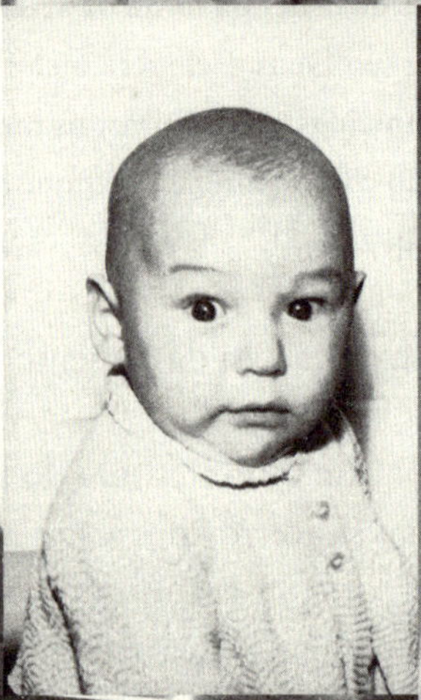
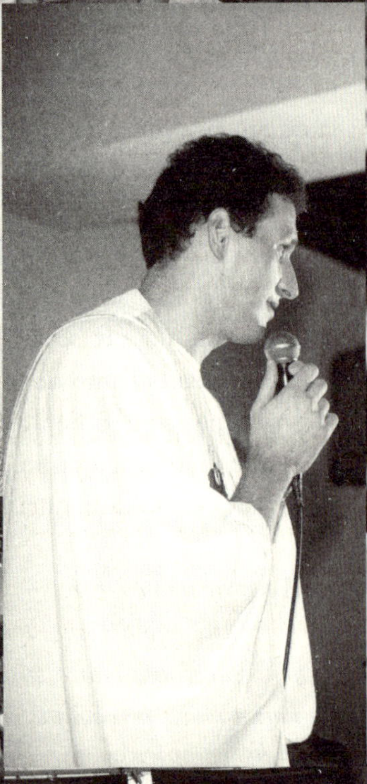
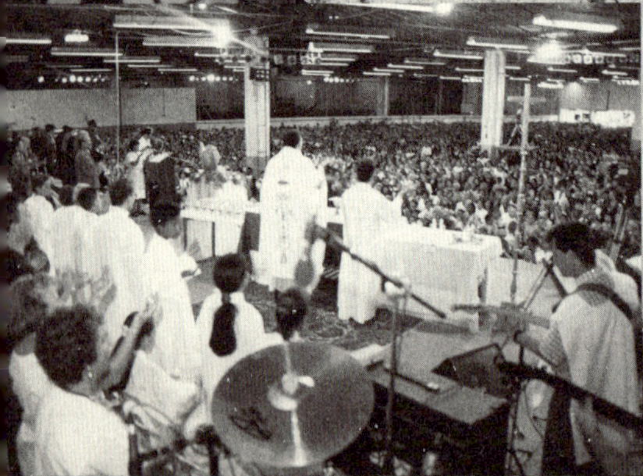
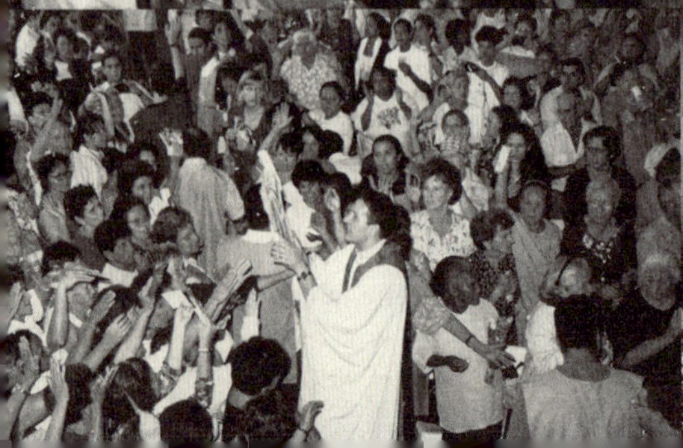
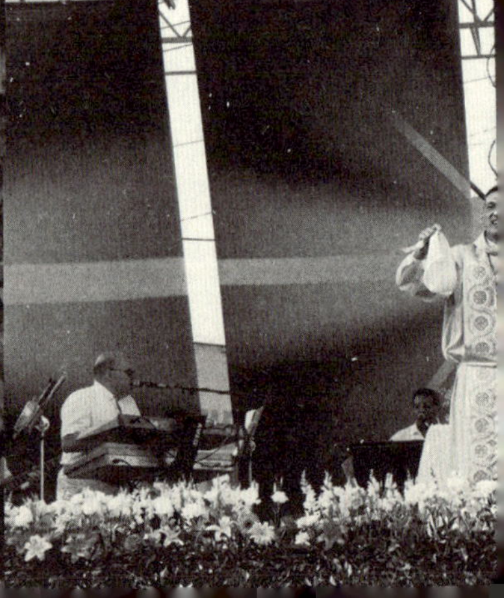
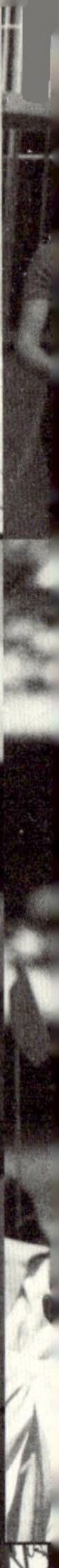

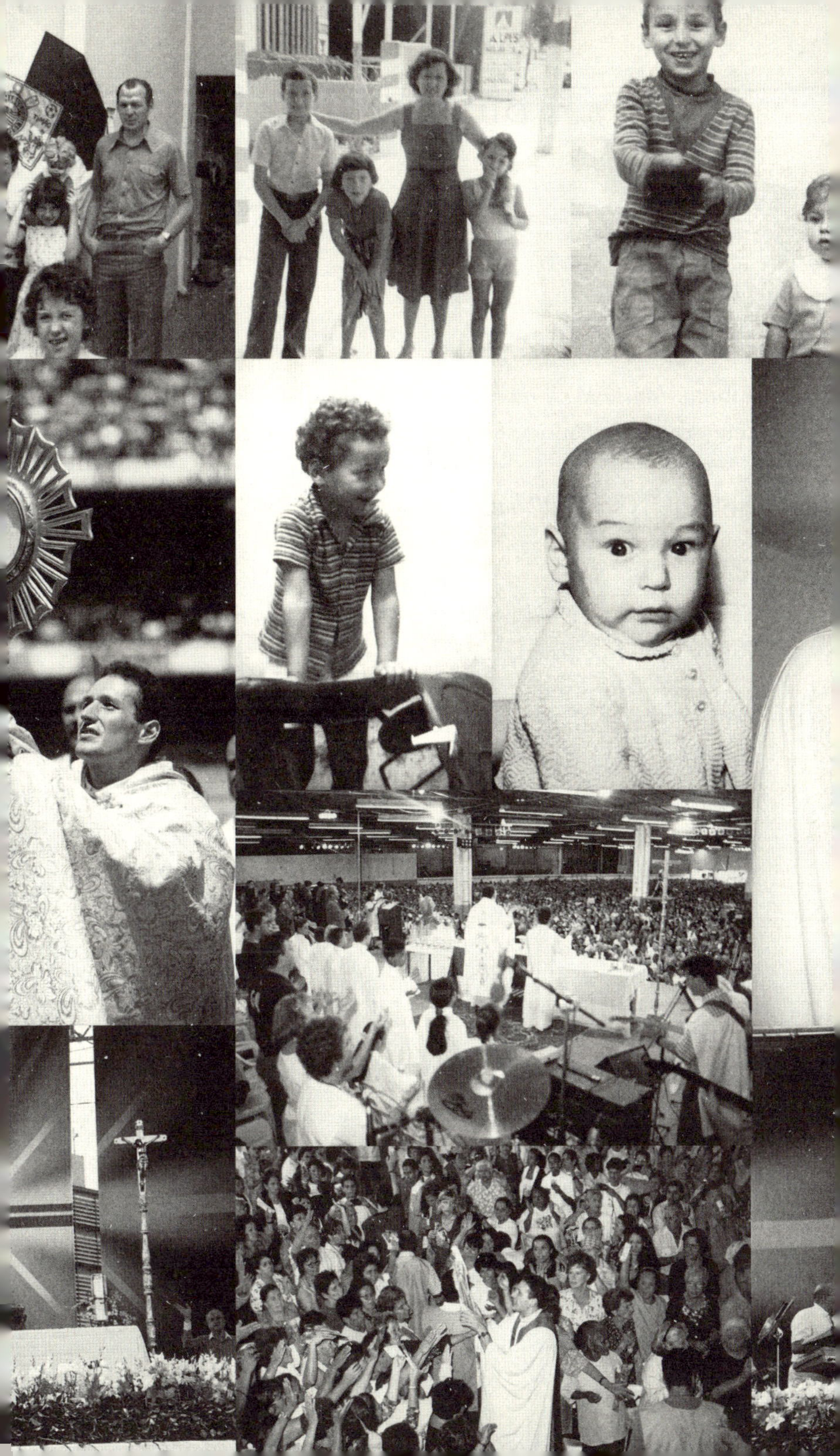

Bibliografia

◊

Álbum: *Maria: Mãe do Filho de Deus*. Música: "Mãezinha do céu", 2003. Gravadora: Sony Music Entertainment (Brasil) I.C.L.

ABIB, JONAS. *A Bíblia foi escrita para você*. São Paulo: Editora Canção Nova, 2005.

SHELDON, CHARLES M. *Em seus passos o que faria Jesus?* São Paulo: Mundo Cristão, 2008.

MONTFORT, S. LUÍS MARIA GRIGNION DE. *Tratado da Verdadeira Devoção à Santíssima Virgem*. Rio de Janeiro: Editora Vozes, 2015.

Ladainha de Nossa Senhora. Disponível em: http://www.vatican.va/special/rosary/documents/litanie-lauretane_po.html. Acesso em ago de 2020.